DATA VISUALIZATION

# 실무에서 바로 통하는 데이터 시각화 노하우

## 직장에서 일잘러로 100% 인정받는 방법

# 실무에서 바로 통하는 데이터 시각화 노하우

## 직장에서 일잘러로 100% 인정받는 방법

**지은이** 전익진

**초판 1쇄 발행일** 2024년 7월 31일

**기획 및 발행** 유명종
**편집** 이지혜
**디자인** 이다혜, 이민
**조판** 신우인쇄
**용지** 에스에이치페이퍼
**인쇄** 신우인쇄

**발행처** 디스커버리미디어
**출판등록** 제2021-000025(2004. 02. 11)
**주소** 서울시 마포구 연남로5길 32, 202호
**전화** 02-587-5558



ISBN 979-11-88829-43-9 13000

DATA VISUALIZATION

# 실무에서 바로 통하는 데이터 시각화 노하우

## 직장에서 일잘러로 100% 인정받는 방법

지은이 전익진

디스커버리미디어

목차

# CONTENTS

## #03 시각화 자료를 효과적으로 구성하는 방법 1



## #04 시각화 자료를 효과적으로 구성하는 방법 2



## #05 사례 학습 : 효과를 극대화하는 시각화 구성 방법

지은이의 말

# 표현하지 않으면 아무도 모른다

세계 최고의 두뇌들이 모인다는 미국 MIT(Massachusetts Institute of Technology)의 모든 학생은 졸업하기 전에 반드시 읽어야 할 필독 서적이 있다고 한다. <The Elements of Style>이라는 책이다. 간단하게 소개하자면 글쓰기와 관련된 도서이다. 우리가 MIT 하면 공학과 나아가 기초과학을 핵심으로 다루는 학교로 알고 있는데 흔히 문과 소양이라고 할 수 있는 글쓰기 관련 도서를 반드시 읽어야 한다니, 아이러니하다.

역설적이긴 하지만 그들에게 글쓰기는 매우 중요한 훈련이라고 한다. 이유는 간단하다. MIT를 졸업한 학생들이 다루는 분야는 일반인들이 쉽게 이해하고 공감하기 힘든 분야이니 글로 잘 정리하고 쉽게 이해시키는 훈련이 필요하기 때문이라고 한다. 이는 아무리 뛰어난 과학적 능력도 전달력이 없다면 그 가치가 떨어진다는 점을 시사한다.

데이터 분석 분야가 딱 그렇다. 데이터 분석, 나아가 AI 기술의 핵심이 되는 머신러닝, 딥러닝의 과정은 꽤 복잡하고 난해하다. 좀 더 정확하게 표현하자면 데이터를 정리하고 다듬는, 일명 전처리, 후처리 과정이 너무나 고되고 힘들다. 그렇다 보니 그 과정에서 겪은 고생과 노력을 보상받아야 한다는 인식이 분석 후에 심하게 나를 괴롭힌다. 그 누구도 궁금해하지 않는 알고리즘을 설명하거나, 이러한 결론을 유도하는 건 오로지 나밖에 할 수 없다는 근거 없는 자신감을 피력한다. 하지만 필자의 오랜 경험에 비추어 보면, 이 모두는 불필요한 행위에 지나지 않았다. 나의 분석을 기다리는 사람들은 언제나 과정보다 결과를, 결과에서도 그들이 듣고 싶은 이야기를 원했다.

데이터 분석을 위해 구현한 기술보다, 짧은 시간 안에 인상 깊게 전달해야 하는 시각화 자료가 훨씬 중요하다는 의미는 아니다. 오히려 후자를 강조하다 보면 허풍쟁이가 될 수도 있다. 다만, 여러분이 데이터 분석을 위해 기울이는 노력에 시각화의 과정도 포함해야 한다는 것을 강조하고 싶다. 시각화 구현이 잘 되면 당신의 기술력도 자연스럽게 인정받을 수 있다. 이 또한 경험에서 얻은 진리다.

데이터는 시각화 구현에 있어서 최상의 소재이다. 최고의 재료가 준비된 지금 이제 여러분도 훌륭한 시각화 셰프가 될 수 있을 것이다. 비단, 데이터 분석 분야만 그런 게 아니다. 우리는 업무가 데이터 분석이 아니더라도 직장 생활을 하면서 수없이 많은 시각화 자료를 표현해야 하고 그것을 누군가에게 전달해야 한다.

자, 이제 이 책을 통해 필자가 오랜 기간 데이터 분석을 수행하고 여러 발표 과정을 거치며 터득한 노하우를 전달하려고 한다. "이것이 정답이다."라고 할 수는 없다. 시각화는 일반화하거나 객관화하기 어렵다. 따라서 나의 경험은 주관적이다. 생각이나 관점, 내가 하는 이야기도 주관적이다. 하지만 이런 주관이 보편적인 공감을 많이 얻었다고 자신 있게 말할 수 있다. 이 책을 모두 읽고 난 후, 독자 여러분이 누구에게나 인정받는 시각화를 구현할 수 있기를 기대한다. 시각화는 나를 상대에게 이해시키고, 나의 이야기에 반응하게 만드는 강력한 도구이다. 열심히 분석해 얻은 결과를, 그리고 내 노력의 대가를 부족한 시각화 구현으로 반감시키지 말자.

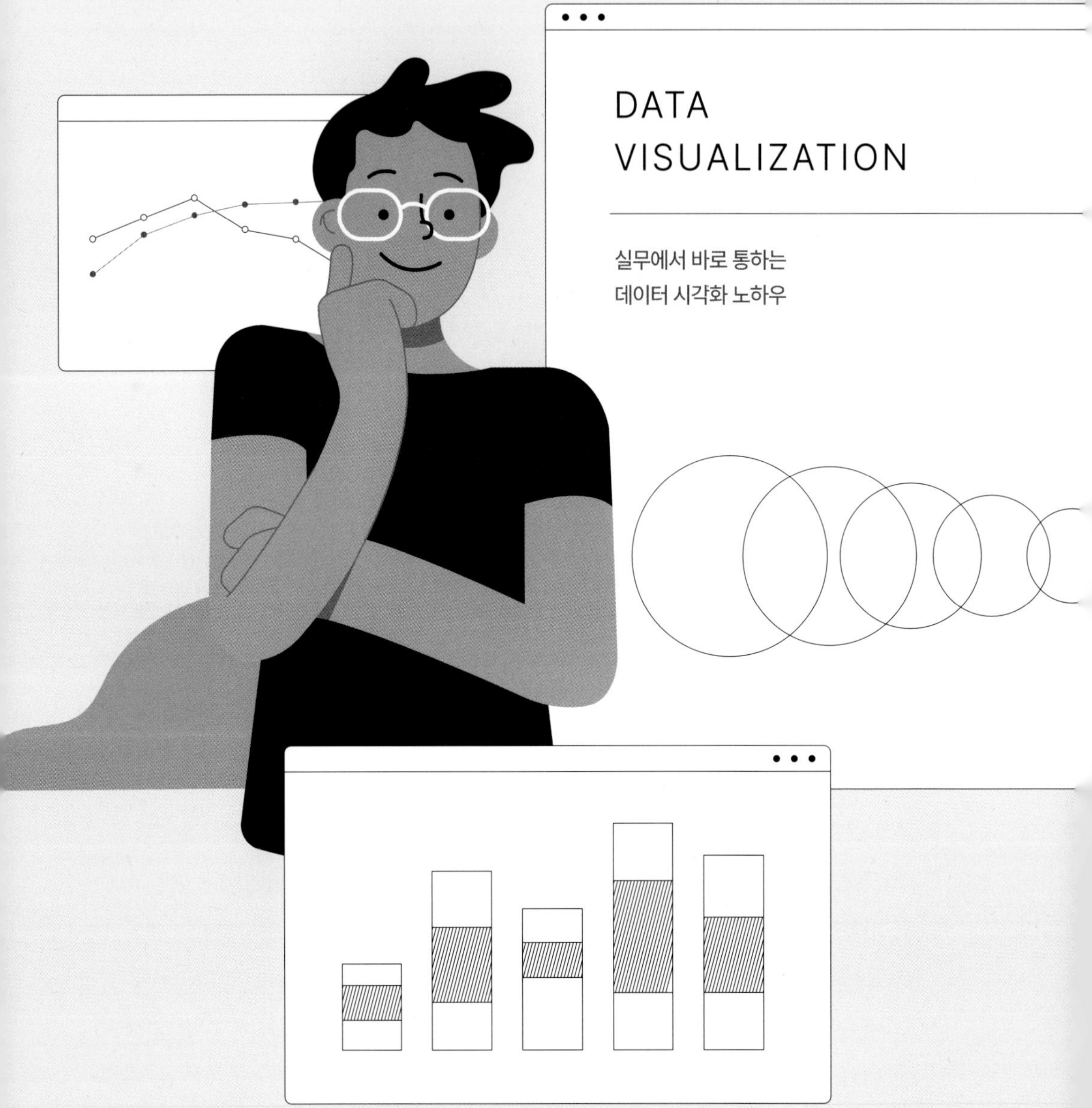
DATA
VISUALIZATION
실무에서 바로 통하는
데이터 시각화 노하우

# #01 왜 데이터 커뮤니케이션이 중요한가?

① 그들이 원하는 것, 내가 원하는 게 아니라!

② 발표장 분위기를 주도하라

③ 그들의 시선을 집중시켜라

④ 정확히, 제대로 전달하라

⑤ 독자를 명확히 하라

⑥ 시나리오를 만들자

⑦ 시나리오는 힘이 세다

# 1 그들이 원하는 것, 내가 원하는 게 아니라!

팀 미팅, 업무 보고, 시장 조사, 마케팅 전략, 신규 사업 프레젠테이션……. 우리는 자의 반, 타의 반으로 내가 맡은 업무를 정리하여 발표하는 상황에 수시로 노출된다. 사회적 동물의 소임을 다하자면 앞으로도 꾸준하게 보고서와 기획안을 만들어야 할 것이다. 하지만 여러분도 익히 알고 있듯이 그 주제가 무엇이든, 어느 한 주제를 선정하고 그 주제에 맞춰 이야기를 구성해 누군가에게 전달하는 과정은 생각보다 쉽지 않다. 그래서 전달력이 높은 자료를 구성하는 방법을 살펴보기에 앞서, 어떻게 접근하면 발표를 잘할 수 있을까에 대해 간단하게 고민해 보도록 하자.

큰 틀에서 보면 성공적으로 발표하기 위해서는 다음 세 가지 메시지를 갖추어야 한다. 첫 번째는 정확한 발음과 호소력 있는 목소리로 청중에게 감동을 선사하는 음성적 메시지고, 두 번째는 청중의 호응, 분위기, 발표자의 자세 등 현장에서 일어날법한 공간적 메시지, 그리고 세 번째는 일관된 스토리로 충분한 설득력을 갖도록 구성된 시각적 메시지이다.

먼저 음성적 메시지에 대해 생각해 보자. 주변을 돌아보면 다양한 미디어 매체 혹은 오프라인 모임에서 청중에게 인상 깊은 이야기를 전달해 주는 이야기꾼들이 꽤 많다는 것을 알 수 있다. 속된 말로 정말 말 잘하는 사람이 넘쳐나는 시대이다. 말만 잘해도 이제는 충분히 먹고살 수 있는 게 요즈음 현실이다. 그러나 전문적인 음성 메시지 전령사, 아나운서이거나 앵커 혹은 강연과 강의를 업으로 하는 '말잘러'가 아니라면, 발표는 여전히 특별히 긴장되는 업무 중 하나이다. 매력적인 이야기꾼들은 과연 나와 무엇이 다른 것일까?

말을 잘하고 못하고를 떠나서 내용과 상관없이, 우선 전달하는 이야기가 재미있어야 한다. 청중으로부터 나의 메시지에 귀를 기울이게 하려면 무엇보다 내가 전달하는 이야기가 재미 있어야 한다는 점이다. 그리고 말솜씨가 뒷받침되면 최상의 결과를 얻는다. 아무리 주제가 좋아도 재미없는 이야기를 들어줄 청중은 없다. 필자가 주업으로 삼고 있는 데이터 분석 분야도 마찬가지다. 그 결과가 아무리 가치가 있다 하여도 전달하는 과정이 흥미롭지 못하면 무용지물이 된다. 청중이 느끼는 재미, 그 재미의 핵심이 무엇인지 생각해 볼 필요가 있다.

여러 매체를 통해 자신의 분야에서 전문적인 지식을 흥미롭게 풀어 이야기해 주는 강연자들, 그들의 이야기를 듣고 있으면 나도 모르게 집중하고 흥미롭게 바라본다. 때로는 내가 굳이 알 필요도 없는, 어렵고 딱딱한 이야기를 흥미진진하게 전달할 수 있는 이유, 그것은 전달자가 하고 싶은 이야기가 아니라 청중이 듣고 싶은 이야기를 해주기 때문이다. 풍부한 지식을 자랑하는 게 아니라 청중이 원하는 이야기를 지식과 잘 버무려 전달하기 때문이다.

그러면 청중이 듣고 싶은 이야기는 무엇일까? 청중이 듣고 싶은 이야기를 확실하게 알 수 있는 방법은 바로 경청(傾聽)이다. 반대로 생각해 보면 우리가 상대의 이야기가 흥미로운 건 그 이야기를 경청하기 때문에 느낄 수 있는 감정이다. 나부터 상대의 이야기에 귀 기울여 듣지 않는데 상대가 내 이야기에 관심을 둘 것으로 생각해서는 안 된다. 그리고 경청은 단순히 상대의 이야기를 들어주는 것에서 끝나지 않는다. 그가 말하고자 하는 의도가 무엇인지부터 시작해서 표정, 손짓 하나하나 놓치지 않고 관찰하는 자세도 포함된다. 상대가 말하고자 하는 목적과 의도를 정확히 파악하지 못했다면 그건 아마도 경청하지 않아서 그럴 가능성이 높다.

상대의 요구를 정확히 파악하는 건 무척 중요하다. 발표 과정에서 청중을 사로잡기 위해서도 그렇지만, 데이터 분석 분야에서도 상대의 요구를 정확히 파악한 뒤 수행한 데이터 분석 결과가 그렇지 않을 때보다 훨씬 좋다. 상대의 이야기를 경청하지 않고 데이터 분석이 진행되면 그 결과는 독단적이고 무의미한 결과일 뿐이다. 비단 데이터 분석 분야만의 이야기가 아닐 것이다. 여러분이 속한 모든 조직에서 충분한 경청을 통해 도출한 결과는 그렇지 않을 때와 확연한 차이를 보이게 된다.

조직에서의 데이터 분석은 나를 위해 하는 것이 아니다. 그 결과를 필요로 하는 구성원들을 위해 하는 것이다. 여러분이 조직에서 수행하는 모든 업무도 마찬가지다. 원하는 결과를 위해 상대의 이야기를 사전에 경청하는 것은 매우 중요하다. 나의 이익만을 추구할 것이 아니라면 상대의 이야기에 언제나 귀를 기울여야 한다. 경청이야말로 작게는 발표 과정에서, 넓게는 조직 생활 전체의 과정에서 '일잘러'가 되기 위한 가장 훌륭하고 든든한 디딤돌이다.

**당신이 내 이야기에 귀 기울여 주셨기에 저도 관심을 갖고 당신의 이야기를 경청합니다.**

꼭 명심해 주길 바란다.

# 2 발표장 분위기를 주도하라

다음으로 공간적 메시지에 대해 생각해 보자. 공간적 메시지란 발표 공간의 분위기와 발표자의 태도 등을 포괄하는 개념이다. 발표 과정에서의 전체적인 분위기를 아우르는 것으로 이해하면 좋겠다. 아마도 조직 내에서 어떤 분석을 수행하고, 발표 자료를 만들고, 발표를 진행할 때, 그 자리에 모인 사람 대부분이 다음과 같이 생각할 것이다.

**시간도 없는데 왜 내가 지금 여기서 당신 이야기를 들어야 하는 거죠?**

이 질문의 답이 공간적 메시지에 대한 해답이 된다. 우선 고려해야 할 것은 발표 주제에 대한 청중의 관심이다. 발표 자리에 모인 청중에게 여러분의 발표가 얼마나 긍정적인 피드백을 얻을 수 있을지 고민해야 한다. 발표 주제에 관심이 있어서 모인 사람뿐만 아니라 등 떠밀려 모인 사람도, 시간을 때우기 위해 모인 사람도, 그 밖의 그 어떤 사람도 당신의 이야기에 긍정적인 반응을 보이도록 노력해야 한다.

**에이, 분석한 결과가 좋으면 긍정적인 반응을 자연스럽게 받지 않을까요?**

맞는 말이다. 그러나 결과가 나쁘면 언제나 부정적인 반응을 받아야 할까? 부정적인 결과에도 긍정적인 반응을 끌어 내야 한다. 발표하고자 하는 핵심 결론은 이미 모임 주제에 공표된다. 대부분이 그렇다. 이미 그 자리에 참석할 때는 내가 왜 참석하는지 알고 온다. 사람들은 이 모임이 어떤 결론 때문에 모인 것인지 이미 알고 있다. 그 결과에 대해서는 부정적인 사람도 있을 것이고 긍정적인 사람도 있을 것이다. 그래서 조직이라는 공간에서는 유불리를 고려해야 하고 상대에게 전달될 내용에 대해 그 결과가 가져올 파장까지 고려해야 한다.

공간적 메시지에서 긍정적인 반응 다음으로 생각할 부분은 바로 시간이다. 나의 금쪽같은 시간을 쪼개 왔는데 지루하고 소득 없는 이야기를 듣게 된다면 어떨까? 이건 앞서 살펴본 이야기가 흥미로워야 한다는 내용과 연결된다. 어떤 조직에서든 회의 시간이 30분을 넘게 되면 이미 그 회의는 비생산적이라는 것을 의미한다. 주제도 사라지고 아무 말 대잔치가 열리게 되는 것이다. 회의 때마다 시간이 길어지는 이유를 생각해 보자. 해당 모임이 강연이나 강의를 목적으로 한 것이 아니라면 모든 주제 발표 시간을 10분, 혹은 길어야 20분을 넘지 않도록 시간을 적절히 배정해야 한다. 말하고자 하는 바의 시작과 끝이 하나의 목표 지점을 향해 가도록 일관된 시나리오로 이야기를 풀어가야 한다. 시간이 길어지면 누구나 집중력이 흐트러진다. 최대한 짧은 시간에 효과적으로 이야기를 하는 연습을 충분히 해두면 좋다. 이 부분이 어긋나면 발표 자리에 모인 모든 사람이 발표자가 되는 상황이 연출된다.

당신의 이야기에 관심을 갖고 시간까지 내주었다면 이제 모인 사람들과 함께 호흡해야 한다. 가장 효과적인 방법은 질문을 던지는 것이다. 발표 중간중간에 질문을 한다.

**이 부분에 투입된 데이터는 잘 선택된 건 거죠?**
**분석 결과가 원하는 수치보다 조금 낮게 나왔는데, 큰 문제가 없을까요?**

질문을 하되 주의할 부분도 있다. 질문을 할 때는 동조하고 동의를 구할 수 있는 부분에 대해서 답을 구해야 한다. 상대가 전혀 대답할 수 없는 어려운 질문이나 본인도 정작 모르는 질문을 던지면 안 된다. 또는 매출에 관해 이야기하며 재고에 관해 묻거나 이익률에 대해 발표하며 손실 비용에 관해 묻는 등의 주제와 상관없는 질문을 하는 경우도 조심해야 한다. 그리고 반대의 상황도 있을 수 있다. 청중이 질문을 할 때도 있다는 것이다.

**그 분석할 때 왜 특별품에 대해서는 고려하지 않았죠?**
**그 부분은 고객이 자주 사양을 변경하는데, 변경 사항이 반영된 건가요?**

이런 경우를 대비해 발표자는 만반의 준비를 해야 한다. 주제와 관련된 부분에 대해서 깊이 있고 폭넓게 확인하고 발표에 임해야 한다. 오로지 내 발표 내용과 분석 결과만을 생각한 채 관련된 사항을 놓쳐 버리면 결과에 대한 신뢰를 얻기 힘들다. 또한 동의를 구하기도 힘들어진다. 그래서 데이터 분석은 결과를 얻기 위해 앞만 보고 달리는 것보다 주변 경치를 꼼꼼히 살피며 여유 있는 발걸음으로 나아가는 것이 더욱 현명하다.

발표를 보고 듣는 관객과 호흡할 때는 한 가지 더 챙겨야 할 것이 있다. 바로 대상과의 눈높이를 맞추는 것이다.

**이번 수요 예측에서는 기본적인 Linear regression은 물론 Random Forest와 Support Vector Machine의 앙상블 모델을 통해 정확도를 높여…….**

듣는 사람들은 이렇게 생각할 것이다.

**도대체 뭔 소리야?**

꼭 기억해야 하는 부분이다. 너무나 중요하다. 어려운 용어 섞어 이야기한다고 해서 발표를 잘하는 것은 아니다. 청중이 멋지고 훌륭하다고 손뼉 쳐줄 거라고 착각하면 안 된다. 나를 포함한 데이터 분석가들, 아니 대부분의 기술을 활용한 전문가들이 가장 빠지기 쉬운 함정이 바로 이 부분이다. 자신들만의 용어를 사용하면 상대가 근사하게 생각할 거라고 착각하는 것이다. 재차 강조하지만 절대 그렇지 않다. 오히려 관심에서 더 멀어지게 하는 계기가 될 수 있다. 이는 내 발표를 들어줄 구성원의 수준 혹은 조직이 어디인지를 정확히 알고 발표해야 한다는 부분과도 맥을 같이한다. 재무 부서와 이야기하며 생산기술 관련 용어를 사용하거나 인사팀에서 구매 이야기를 하는 것 같은 엉뚱한 상황을 주의해야 한다. 청중이 넓은 의미에서 같은 조직 내에 있어도 마찬가지다. 중학생을 대상으로 강의하며 취업 얘기를 한들 그들에게는 크게 와 닿지 않는다.

이어서 생각해 볼 부분은 긴장감이다. 발표 주제와 목적에만 너무 집중한 나머지 시종일관 무겁고 어두운 분위기를 조성해선 안 된다. 반대로 주제는 무거운데 관심받고 싶다고 분위기를 가볍게 유지해도 곤란하다. 팽팽한 줄다리기와 같다. 유머 감각이 있는 사람이 인기가 좋다. 그건 어디까지나 사적인 모임에서나 가능한 이야기다. 물론 필요에 따라 긴장감을 적절히 조율하기 위해 던지는 위트 넘치는 한마디는 필요하다. 하지만 그 타이밍을 적절히 찾아야 한다. 집중해서 정곡을 찌르는 이야기를 하고 있다고 가정해 보자. 갑자기 우스운 소리를 하거나 반대로 찬물을 끼얹듯 무겁고 어두운 이야기를 불현듯 꺼내면 어떻겠는가? 발표의 실효성이 뚝 떨어지게 된다. 긴장감의 유지는 적절한 타이밍이 중요하다. 어차피 모든 내용은 말로써 전달된다. 그 안에 숨은 분석 기법과 알고리즘을 설명하지 않을 것이라면 분위기 반전을 위한 적당한 줄다리기는 필수적이다.

마지막은, 발표 자리의 주인공이 누구인지 정확히 인지하는 것이다.

**'와, 내가 이렇게 어려운 방법론을 활용해 이렇게 멋진 가치를 도출해 내다니. 난 역시 대단해. 아니 데이터 수집 과정은 또 얼마나 힘들었어?'**

발표 과정에서 나를 영웅으로 만드는 것은 금물이다. 여러분이 가진 그 멋진 분석 능력과 기술은 말하지 않아도 다 안다. 그러니 굳이 발표하는 자리에서 히어로가 되겠다는 생각은 잠시 접어 두도록 하자. 청중이 원하는 결과를 얻었거나 해당 발표에 좋은 피드백을 받았다면 여러분은 자연스럽게 히어로가 된다. 발표에서 주인공은 여러분이 아니라 그곳에 관심을 가지고 시간을 내어 모여준 청중이다.

# 3 그들의 시선을 집중시켜라

이제 마지막으로 시각적 메시지에 대해 생각해 보자. 이 책은 데이터 분석의 결과를 전달할 때 자료의 구성을 좀 더 효율적으로 하기 위한 참고 도서이다. 대다수 사람이 데이터 분석 과정과 그 결과에 좀 더 무게를 두느라 조금은 소홀히 했던 시각화의 중요성을 피력하기 위한 것이다.

커뮤니케이션은 그 도구와 수단이 무엇이든 나와 상대가 주고받는 의사소통을 의미한다. 데이터 커뮤니케이션도 데이터를 통해 상대와 대화하는 방법을 말한다. 모든 사람이 데이터 분석 전문가가 아니므로, 데이터 커뮤니케이션은 결국 자료가 전달되는 과정에서 이루어진다. 데이터로부터 발현된 가치를 구성한 자료가 핵심이라는 이야기다. 데이터 커뮤니케이션을 잘하기 위해서는 무엇보다 자료가 시각적으로 눈길을 끌어야 한다. 시각적으로 눈길을 끈다는 건 어떤 의미일까?

최신의 딥러닝 기술을 활용하고, 화려한 프로그래밍 기술을 가진, 분석 능력이 뛰어난 분석가 대다수가 쉽게 착각하는 부분이 있다. 이러한 착각은 비단 데이터 분석에 한정된 것이 아니다. 기술이 수반된 분야에 종사하는 사람들에게서 대부분 공통으로 나타나는 현상이다.

**내 실력이 뛰어나니 결과는 당연히 훌륭할 것이다.**

앞서도 언급했지만, 데이터 분석은 나를 위해 하는 것이 아니다. 물론 내가 활용하기 위해 분석을 수행하는 때도 당연히 존재한다. 하지만 조직에서는 어떨까? 대부분의 분석은 조직 내 구성원들의 요구에 의한 것이고 분석 과정과 결과는 구성원들과 조직을 위한 것이다. 그 분석 결과를 필요로 하는 구성원들의 몫이라는 이야기다. 그래서 결과를 필요로 하는 사람들(청중, 독자, 수용자 등)이 원하는 것. 그 부분을 효과적으로 전달해야 하는 것인데, 이는 단순히 화려한 기술을 뽐내는 것이 능사는 아니라는 점이다. 분석 결과를 전달하는 자료에는 내가 가진 훌륭한 기술에 관한 설명은 될 수 있으면 피해서 작성하는 것이 현명하다.

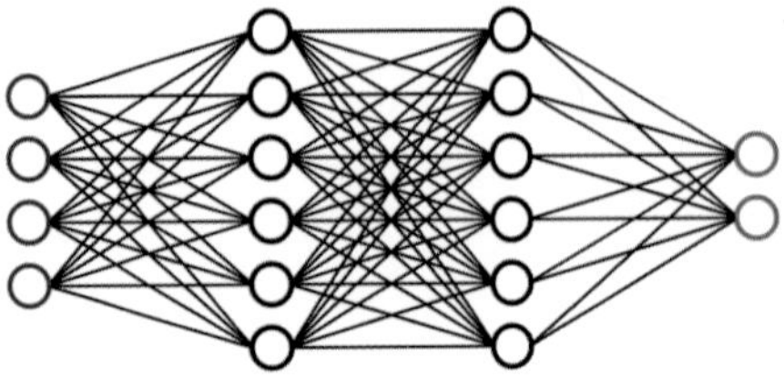

Neural Network

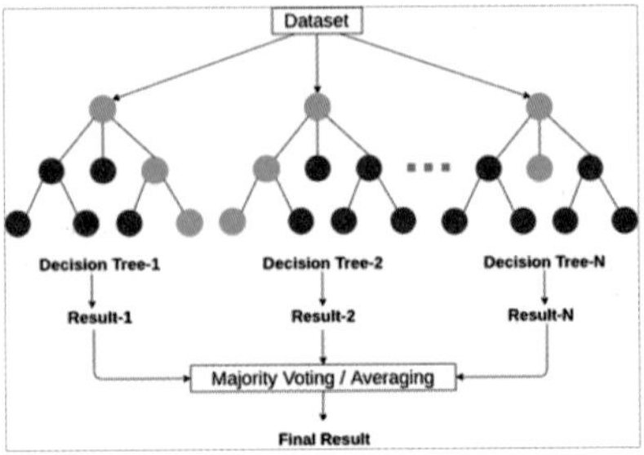


Random forest

**앙상블 모델 구현!!**
**예측 정확도 90% 이상**

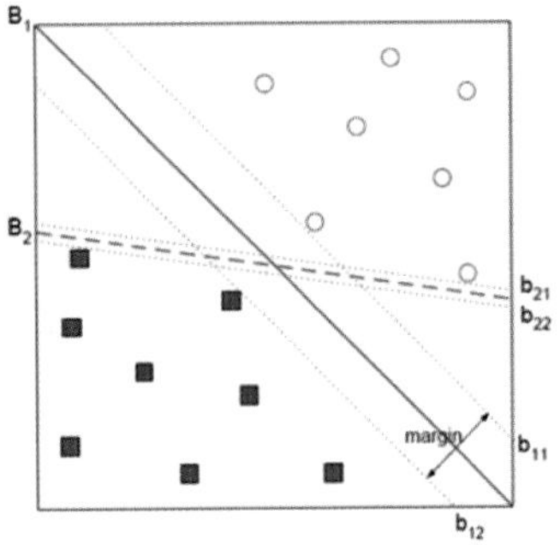


Support Vector Machine

단위. 억원

| 1월 | 2월 | 3월 | 4월 | 5월 | 6월 |
|---|---|---|---|---|---|
| 27 | 25 | 31 | 33 | 29 | 40 |

| 7월 | 8월 | 9월 | 10월 | 11월 | 12월 |
|---|---|---|---|---|---|
| 29 | 33 | 28 | 38 | 37 | 25 |

앙상블 모델을 통한 매출 예측

## 전년 대비 7.0% 증가

전년 단위. 억원

| 1월 | 2월 | 3월 | 4월 | 5월 | 6월 | 7월 | 8월 | 9월 | 10월 | 11월 | 12월 |
|---|---|---|---|---|---|---|---|---|---|---|---|
| 25 | 22 | 30 | 31 | 27 | 36 | 27 | 31 | 26 | 36 | 35 | 23 |

내년

| 1월 | 2월 | 3월 | 4월 | 5월 | 6월 | 7월 | 8월 | 9월 | 10월 | 11월 | 12월 |
|---|---|---|---|---|---|---|---|---|---|---|---|
| 27 | 25 | 31 | 33 | 29 | 40 | 29 | 33 | 28 | 38 | 37 | 25 |

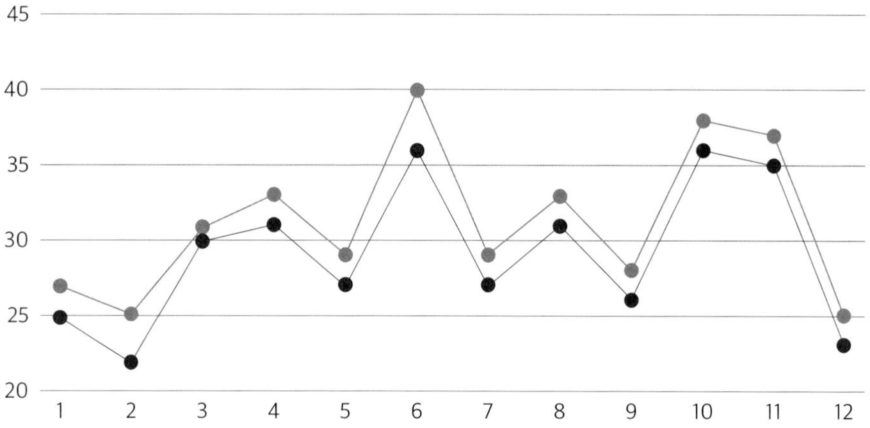


제시된 두 자료는 데이터 분석을 통해 매출을 예측한 결과를 정리한 시각화 자료이다. 여러분이 경영진이고 보고를 받는 자리라면 어떤 자료에 점수를 더 주고 싶은가? 내용의 화

려함을 떠나 내가 궁금한 부분에 관해 설명하고 정리한 자료가 더 높은 점수를 받을 것이다. 그렇다면, 아마도 여러분은 분석가의 뛰어난 스킬을 확인하고 싶지는 않을 것이다. 그래서 두 번째 자료가 선택됨은 당연한 이치다.

## 내가 가진 기술을 직접 드러내지 않으면 사람들이 나의 실력을 어떻게 알지?

분명 여러분이 반문할 수 있는 의구심이다. 그런데 여러분이 데이터 분석 업무를 수행하고, 지금의 그 조직에 몸담고 있다는 것은 무슨 뜻인가? 그렇다. 일단 실력이 검증되고 인정받았기 때문으로 간주할 수 있다. 따라서 분석 결과 자료에까지 구태여 나의 분석 기술을 표현할 필요는 없다는 것이다. 복잡한 이야기에 어려운 용어 섞어가며 자료에 포함한다고 해서 실력이 증명되는 것이 아니다. 사람들은 분석의 복잡한 과정보다 결과, 한눈에 확인할 수 있는 결과. 바로 그 분석 결과를 원한다. 그러므로 분석 결과를 필요로 하는 이들이 간절히 듣고 싶은 이야기를 자료로 구성하고 시각화하는 것은 무엇보다 중요하다.

어쩌면 데이터를 통한 시각화는 다른 어떤 분야보다 시각 자료 구성이 용이하고, 동시에 유연성을 갖는다. 데이터는 수로 표현된다. 그런데, 수로 표현되는 모든 것은 다른 무엇들보다 시각화하기가 수월하기 때문이다. 즉 그래프로 전달이 가능하다는 것이다. 요즘 시대엔 그래프, 차트. 만들기가 너무 쉬워졌다. 여러분 업무에 없어서는 안 될 중요한 도구인 엑셀만으로도 충분히 쉽게 표현 가능하다. 여기에 파워포인트를 활용하면 제법 근사한 자료가 완성된다. 물론 사람마다의 표현력은 조금씩 다를 수 있겠지만 조직 생활 좀 해보신 분들이라면, 아니 학창 시절을 포함한다면 그래프나 차트를 이용한 시각화 자료 한 번쯤은 다 만들어 본 경험이 있을 것이다.

**난 또, 시각화니 데이터 커뮤니케이션이니 하길래
뭐 특별한 게 있는 줄 알았네.**

우리가 함께 고민하고자 하는 주제는 사실 특별한 게 없다. 하지만 그 주제 속에서 무엇을 선택하고 어떻게 표현할 것인가에 대한 고민은 특별해야 한다. 특별하게 구성할 수 있다고 여기고 시각화에 더 많이 고민해야 하는 것이다.

# 4 정확히, 제대로 전달하라

시각화는 결국 차트 혹은 그래프를 잘 만드는 기술일까? 결론적으로 말하면 그렇다.

나는 오랜 시간 데이터와 씨름하며 살고 있다. 데이터를 보고 그로부터 발현될 가치를 끊임없이 연구하고 공부했으며 조직에서 그 능력을 적용하고, 학생들을 지도하며 그에 따른 대가를 받아 삶을 영위한다. 데이터로 인해 금전적 소득이 발생하니 나는 이 분야에 '프로'다. 어디서든 "저 데이터 분석 좀 할 줄 압니다."라고 자신 있게 말할 정도는 된다.

그런데 참 희한한 부분이 있다. 조직 내에서 내가 능력을 인정받는 순간을 돌아보면 오묘하다. 혹시 여러분들은 여러분 스스로 조직에서 인정받는 순간이 어떤 순간인지 생각해 본적이 있는가? 내가 아주 뛰어난 알고리즘을 수립하고 꽤 복잡한 분석을 수행하여 선구적인 결과를 얻은 순간? 아니면 나의 분석을 통해 조직의 이익에 이바지하거나 혹은 획기적인 원가 절감 효과를 이뤄낸 순간? 아니면 학생들의 취업률이 극적으로 증가한 순간? 물론 조직 내 이익에 기여하거나 원가 절감이 이루어진 순간, 혹은 학생들의 진로가 순탄히 풀리는 순간도 포함된다. 하지만 이 역시도 나의 설명이 충분하지 않은 상황이라면 그 공이 오롯이 나의 몫으로만 남지 않는다. 그럼, 언제 나의 공을 모든 사람에게 오로지 나만의 것으로 인정받게 될까? 그것은 바로 분석에 따른 결과가 가져올 바람직한 현상을 명확하게, 모두가 이해 가능하도록 설명할 때다.

시간이 흐를수록 더욱 명확해진다. 성공의 주요 요인 중 한 가지는 적어도 내 직무에 있어서, 데이터를 이용해 효과적으로 스토리를 시각화하고 전달할 수 있는 능력이 발현될 때라는 점이다. 그래서 때로는 데이터 분석에 공을 들이는 만큼 많은 시간을 투자해 그 결과를 효과적으로 전달하는 방법을 찾아내는 것이 훨씬 더 바람직한 조직 생활이라는 점을 믿어 의심치 않는다.

**효과적인 전달 방법을 고민하는 것도 조직 생활의 핵심이다.**

주어진 도구가 동일할 때 그 표현 방식의 좋고 나쁨은 개인의 능력에 따라 결정된다는 걸 인정해야 한다. 따라서 최대한 전달력이 높은 그래프와 차트를 선택해서 청중과 요청자들의 이해도를 높여야 한다. 혹시 여러분은 어떤 차트나 그래프가 가장 잘 표현된 것으로 생각하는가? 조금씩 생각이 다를 수는 있지만 보편적으로 사람들 대부분은 화려한 그래프를 선택한다. 이 부분은 내가 현장에서 직접 동료들에게 질문을 던지고 답을 얻은 결론이다. 대부분의 사람은 화려한 시각화 자료를 선호한다. 그런데 중요한 게 있다. 내가 이 질문, 그러니까 여러 시각화 자료를 제시하고 어떤 시각화 자료가 가장 훌륭한지 물었던 나의 동료들은 해당 자료의 수용자가 아니었다는 점이다. 다시 말하면 질문을 받고 답을 주었던 대부분의 동료는 시각화 자료가 전달하고자 하는 메시지에는 큰 관심이 없었고 단순히 시각적 효과에만 반응한 사람들이라는 것이다. 보기 좋은 떡이 먹기도 좋다는 옛말이 있는데, 단순히 화려한 그래프와 차트가 가장 효과적인 전달력도 갖는 것일까? 깊은 고민이 필요한 부분이다. 그리고 이 책의 핵심 주제이기도 하다.

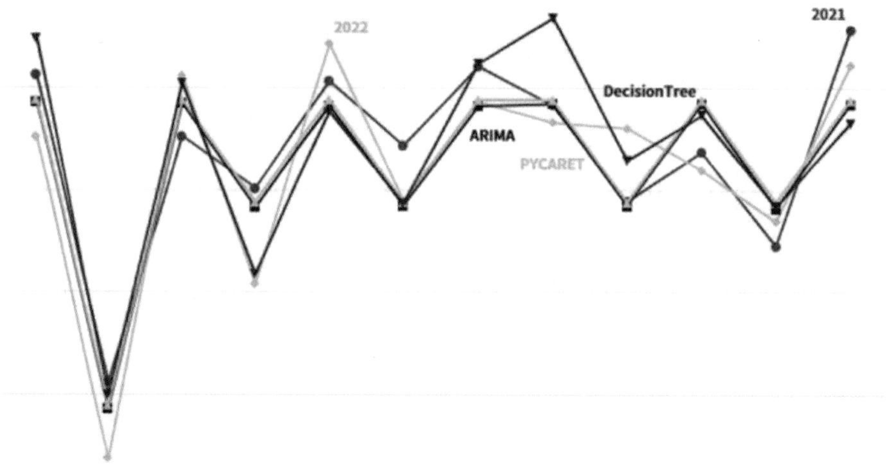

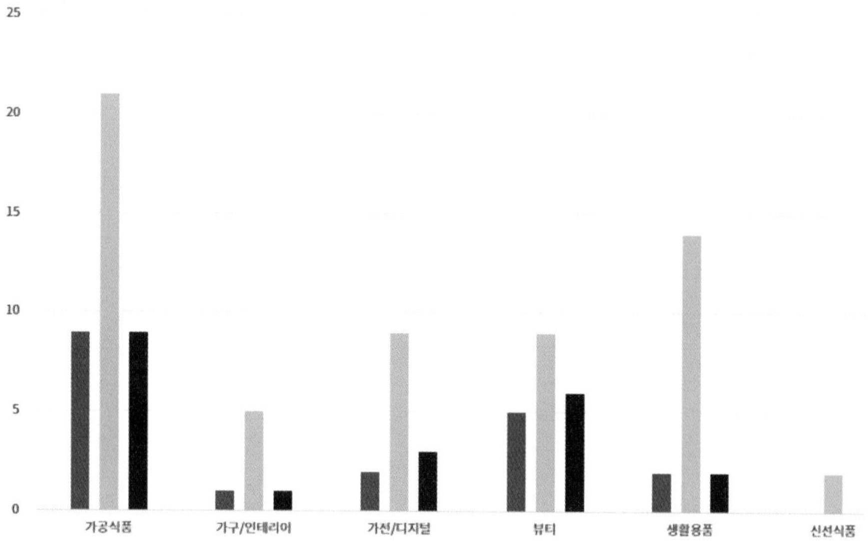


동일한 데이터를 바탕으로 분석 결과를 시각화한 자료 두 개가 있다. 여러분들이 보시기에 어떤 차트가 시각적으로 잘 표현되었다고 생각하는가?

첫 번째 차트는 다양한 예측 기법에 따른 월별 매출 예측 추이를 나타낸 것이고, 두 번째 차트는 동일한 예측 결과를 바탕으로 사업부별로 정리하여 평균 예측 매출액을 표현한 것이다. 여러분들이 딱 보기에도 첫 번째 차트가 좀 더 화려해 보이고, 근사한 용어들로 가득하다. 실제로 두 차트를 제시하고 시각화 자료의 완성도만 물으면 대다수의 사람이 첫 번째 차트를 선택한다. 그리고 다시 첫 번째 차트를 선택한 사람들에게 차트가 전달하고자 하는 정보가 무엇인지 알 수 있냐고 물으면 그 부분은 정확히 모르겠다고 답을 한다. 결국 첫 번째 차트는 시각적으로 화려했지만 무엇을 전달하고자 하는지 명확히 알기는 어려워 보인다는 것이다. 두 번째 차트는 식상한 막대 차트를 이용하여 단순하게 표현되었다. 이번에도 첫 번째 차트를 선택한 사람들에게 두 번째 차트가 무엇을 전달하고자 하는지 물었다. 역시 정확히 알 수는 없지만 그래도 사업부별 금액을 비교한 자료 같다고 대답한다. 두 차트 모두 전달하고자 하는 내용이 무엇인지 사전에 알려주지 않은 상태에서 첫 번째 차트는 내용을 전혀 파악할 수 없지만 화려했고, 두 번째 차트는 조금 단순해 보이지만 무엇을 전달하고자 하는지는 어느 정도는 알 수 있다는 것이다.

시각화는 단순히 차트를 누가 더 화려하고 멋지게 만드는 게 핵심이 아니라는 점을 강조하고 싶다. 무엇보다 내용을 필요로 하는 이들에게 얼마나 정확하고 간결하게 전달할 수 있도록 작성되었느냐가 가장 중요한 포인트인 것이다. 물론, 여기에 화려함까지 더해진다면 시각 효과를 내는 데는 더 긍정적일 것이다.

**시각화에선 화려함도 중요하지만, 전달하고자 하는 내용을 제대로 정확히 표현하는 것이 더 중요하다.**

내용을 쉽게 전달할 수 있는 시각화 기술은 매우 중요하다. 다시 원론적인 이야기를 해보자. 어떤 주제를 분석한 내용을 글로 쓰고, 그래프 혹은 차트로 표현하고, 청중에게 이야기로 전달하는 과정은 사실 우리가 오랜 기간 학습하고 실전에서 활용해 온 기술이다. 어쩌면 우리가 조직 생활을 유지하는 동안 이러한 방법을 지속해서 사용하고 실천하는 데 많은 시간을 보낼 것임이 자명하다. 그렇게 많은 시간을 투자했으나, 아이러니하게도 우리는 분석 결과를 담은 발표 자료나 보고서를 작성할 때마다 많은 어려움을 겪는다. 특히 데이터 분석 결과를 간단하면서도 이해하기 쉽게 시각화하는 것과 자신의 주장을 청중이 이해하기 쉽게 간단한 몇 문장으로 말하는 것은 더욱 어려운 일로 인식한다. 얼마나 대단한 일이기에 표현하는 데 어려움을 겪은 것일까?

데이터 분석은 데이터로부터 답을 찾아가는 아주 고독한 작업이다. 대부분 숫자로 꼬인 데이터를 유심히 살피고 도메인 지식과 연계해 의미 있는 가치를 도출해 내는 작업이다. 그래서 우리는 결과를 전달하는 과정 또한 이러한 복잡한 흐름의 연장선상에서 생각하는 자신을 종종 발견하게 된다. 그것은 우리가 데이터를 표현하는 데 능숙하지 않기 때문이다. 수로 표현된 데이터를 그래프로, 차트로, 글로 그리고 이야기로 전달하는 방법을 깊이 고민하거나 배우지 않은 까닭이다.

내용을 쉽게 전달할 수 있는 시각화 기술. 그것은 데이터에 스토리를 담아 전달하는 것이다. 스토리는 글로만 작성되지 않는다. 데이터 스토리는 그래프로, 차트로, 그림으로 표현되기도 한다. 데이터는 그 내용을 시각화하여 스토리로 만들 수 있는 분야이다. 데이터란 수로 구성된 이야기 소재이기 때문이다.

# 5 독자를 명확히 하라

어쩌면 여러분은 데이터 분석을 수행하기 전에, 이 내용이 누구의 요청에 의한 것인지, 혹은 이 자료가 누구와 공유되고 논의될지 이미 알고 있을 것이다. 하지만, 단순히 아는 것과 정확하게 인지하는 것은 천양지차다. 따라서 데이터 분석을 통해 발견된 가치를 전달할 때는 누구를 위한 가치이며 결과인지를 정확히 알아야 한다. 가치를 전달받을 사람, 곧 독자 또는 수용자가 누구인지 명확히 인지하면 데이터를 통한 대화는 훨씬 수월해진다.

사람들은 대부분 보고 자료 혹은 시각화 발표 자료를 만들며 이 부분에 대해 많이 고민하지 않는다. 심지어 자료를 제법 잘 만드는 사람들도 그 대상에 대한 고려를 간과하기 십상이다. 대부분 관습적으로 이미 하던 방식대로 자료를 구성한다. 당신이 만든 분석 자료를 전달할 대상이 여럿이라고, 예를 들면 경영진과 현업 실무자 모두에게 전달된다고, 특히나 그들 앞에서 발표까지 할 자료라고 가정해 보자. 어떻게 여러 사람을 동시에 만족시킬 수 있을까? 그런 방법이 있기는 한 걸까? 고민이 많아질 것이다. 경영진과 현업 실무자는 입장과 처지, 니즈가 다르다. 따라서 모두를 만족시킨다는 건 쉽지 않다. 이럴 땐 대상에 따라 다르게 구성하면 좋다. 경영진이면 경영진, 실무자면 실무자를 명확히 하고 시각화 자료를 구성하는 것이다. 쉬운 예로 경영진에게는 이익을, 실무자에게는 프로세스의 개선을 이야기하면 된다. 일반적으로 발표를 마친 시각화 자료는 다시 이메일 등으로 공유되기 마련이다. 이때도 각각의 대상에 맞는 자료를 보내면 된다. 반대로, 특정 대상을 만족시킬 수 있는 내용은 이미 발표했으니, 그 뒤엔 두 자료를 통합하여 메일 등으로 공유하면 모든 대상을 두루 만족시킬 수 있을 것이다.

**무슨 일이든 대상이 명확해야 한다.**

또 한 가지, 자료를 완성하고 발표하기 위해 관객을 모집할 때 '본건과 관련된 모든 이해당사자' 혹은 '관심이 있는 모든 분'과 같이 불특정 다수를 고려하는 것은 권하지 않는다. 불특정 대상을 선택하면 시각화 자료의 완성도와 품질을 떠나 관객에게 완벽한 반응을 얻어내기 힘들다. 의외로 이와 같은 실수가 가장 많은 곳이 인사 부서이다. 해당 부서를 깎아내리기 위한 것이 아니다. 나의 오랜 조직 생활의 경험에 비추어 봤을 때 그렇다는 이야기다.

### 인사 부서는 모든 직원을 대상으로 하니까 그렇지 않을까요?

그럴 수 있다. 모든 인사 부서가 그렇다는 것은 아니니 오해가 없기를 바란다. 잘 생각해 보자. '관심 있는 모든 분'으로 해서 관객을 모집할 때와 '특정인 누구누구'로 대상을 명확하게 콕 짚어 모집하였을 경우, 어느 쪽 호응이 더 높을까? 대상을 특정한 경우가 참여율이 높을 것이라 나는 믿는다. 내가 만약 특정인으로 지목되면 관심이 없어도 참석해야 할 것 같은 느낌을 받게 된다. 혹시, 여러분은 어떠실 지? 아마도 비슷할 것이다. 막상 참석 메일을 받고 불평하고 욕을 할 지라도 투덜거리며 참석은 하게 된다.

설명한 내용을 생각하며 간단한 예를 들어 보자. 회사 내 생산 라인 현장에서 꾸준하게 유지해 오던 생산 방식이 시대의 흐름에 뒤처지고 비효율적이라는 의견이 다양한 부서에서 지속적으로 접수되고 있다. 이에 생산 프로세스를 과감하게 변경하고자 한다. 다양한 의견을 듣고 데이터를 분석해 여러 가지 시뮬레이션을 한 결과를 토대로 가장 현실적이고 효율성이 높을 것으로 판단되는 생산 프로세스를 발견하였다. 자, 이제 모두에게 해당 자료를 발표해야 한다.

내 발표를 들어줄 청중에게 메일을 보낼 차례다. 전사 모든 부서에 영향을 줄 수 있는 중요한 내용이므로 임직원 모두가 내용을 파악해야 한다. 모든 청중을 한자리에 모실 것인가? 아니면 나누어 발표를 진행할 것인가? 장소의 제약, 시간의 제약을 고려해 볼 때 인원을 나누어 발표를 진행하는 것이 좋을 것 같다. 자, 그러면 모든 임직원을 어떻게 분류할 것인가?

고심 끝에 3그룹으로 나눈다.

**1그룹. 생산 프로세스 변경으로 얻을 수 있는 비용 절감 효과 설명.**
**임원 및 경영진**
**2그룹. 생산 프로세스 변경으로 간접적으로 영향을 받거나, 영향을 줄 수 있는 유관 부서 관계자. 간접 부서**
**3그룹. 프로세스 변경에 따른 직접적 관련 부서 관계자. 생산 관련 부서**

다음으로 시각화 자료는 어떻게 구성할 것인가? 그룹별로 나누어 3개의 자료로 작성할 것인가? 굳이 그럴 필요는 없다. 우선 모든 내용을 다 포함한 하나의 자료를 완성하고 이를 분리하여 발표를 진행하는 것이다. 각 그룹에 소개할 내용의 핵심 시각화 자료 구성은 다음과 같다.

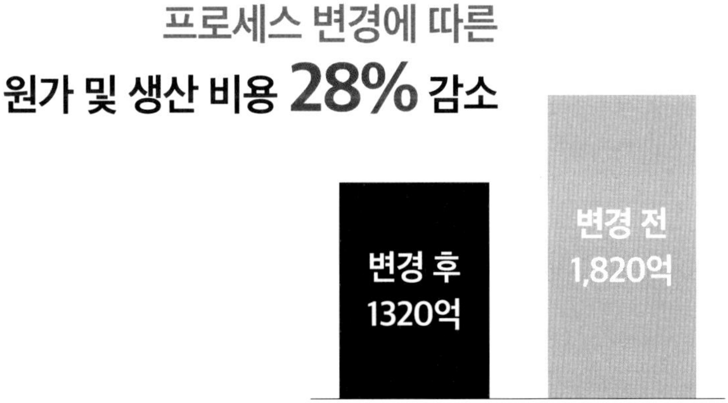

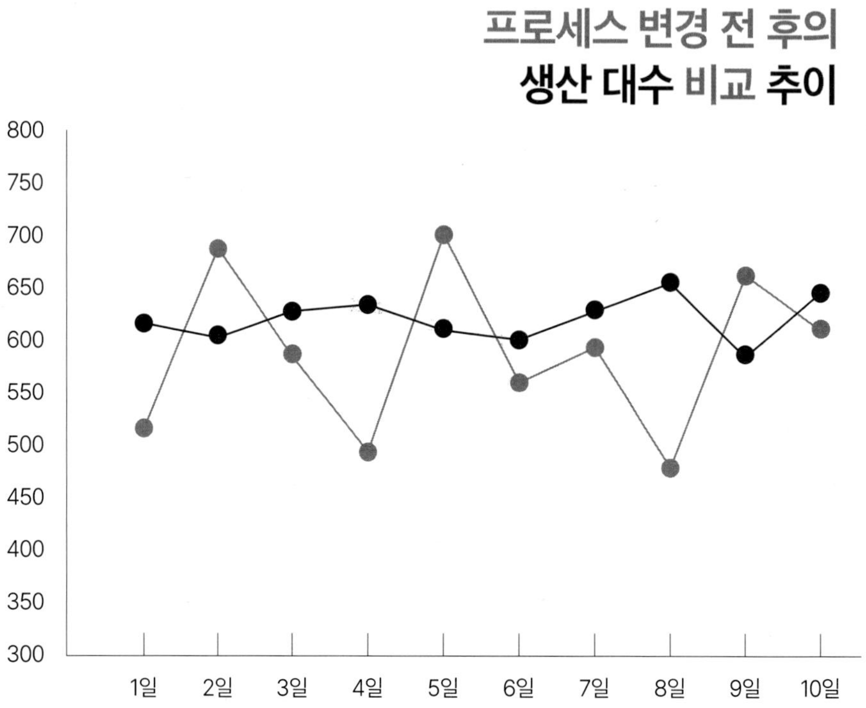


크게 두 가지 시각화 자료를 준비하였다. 이제 두 개의 시각화 자료를 발표할 때 어떤 메시지를 전달할 것인지 마지막으로 정리해 본다.

**1그룹. 임원과 경영진 - 첫 번째 자료**

금번 생산 프로세스의 변경으로 일평균 생산 대수가 일정하게 유지되면 원부자재 원가 비용 및 생산 부대 비용이 기존 대비 28% 이상 감소하는 것으로 확인됩니다.

생산 대수가 일정하게 유지되어 충분한 예측이 가능해지며 고객 확보 및 특화된 전략 수립으로 매출 상승의 기대 효과도 볼 수 있습니다. 또한 제품의 안정적인 공급은 물론 고객 만족도 역시 상승할 것으로 기대됩니다.

### 2그룹. 간접 부서 및 영업 관련 부서 - 두 번째 자료

자료에서 보시는 것처럼 생산 프로세스를 변경하면 생산이 일정하게 유지됩니다. 생산 수량이 충분히 예측 가능해지기 때문에 자재 투입 시기를 정확히 판단할 수 있어 긴박하게 진행해야 했던 원부자재의 구매, 이에 따른 원가의 부담이 해결될 것입니다. 그리고 고객에게 정확한 납품 일자를 약속할 수 있으므로 영업 활동에도 아주 긍정적으로 작용할 것입니다.

### 3그룹. 생산 관련 부서 - 세 번째 자료

자료에서 보시는 것처럼 생산 프로세스의 변경 전, 후를 시뮬레이션 결과, 생산 프로세스를 변경하면 그 전보다 안정적인 생산이 유지되는 것으로 확인됩니다. 변경 전에는 자재 공급의 딜레이, 불안정한 생산 기획으로 인한 일일 생산 대수의 격차가 심했습니다. 하지만 변경 후에는 일정한 생산 대수를 꾸준히 유지할 수 있을 것으로 판단됩니다. 이러한 안정적인 생산은 수시로 변경되고 긴박하게 수립되던 생산 스케줄링을 사전에 기획하고 운영할 수 있게 하므로 여러분의 워라벨에도 많은 영향을 주게 됩니다.

동일한 주제에 대해서도 해당 자료를 필요로 하는 대상을 구분하여 접근하면 전혀 다른 내용을 충분히 설명할 수 있는 것이다. 핵심은 의외로 간단하다. 다시 강조하지만 내가 원하는 것이 아니라, 그들이 원하는 것을 전달하고 이야기하면 된다.

# 6 시나리오를 만들자

데이터 시각화를 위한 최고의 조언 중 하나는 적절한 준비 시간을 가지라는 것이다. 여러분도 단숨에 완벽한 시각화 자료를 만들고, 데이터 커뮤니케이션의 달인이 되리라 생각하지 않을 것이다. 세상 모든 이치가 그러하듯 모든 일에는 충분한 시간이 소요된다. 시각화 자료가 신뢰성을 갖게 되고, 충분한 이해를 도모할 수 있는 무기가 되기 위해서는, 준비 시간이 필요하다. 청중의 공감과 호응을 유도하는 데도 시간은 필요한 것이다.

데이터를 꼼꼼히 살피고, 분석하고, 결론을 도출하는 과정에서도 시간이 필요하듯, 마찬가지로 설득력 높은 데이터 시각화 자료를 구성하는 데에도 축적의 시간이 요구되는 법이다. 좀 더 여유로운 마음으로 넉넉한 시간이 소요됨을 인지하고 데이터 시각화 자료 구성에 대해 고민해 주길 바란다. 경험치라는 단어 들어 보았을 것이다. 경험치는 일정 부분 시간에 비례한다.

## 모든 결과는 충분한 시간을 요구한다.

데이터의 분석 과정을 생각해 보자. 자료를 수집하고 데이터를 정제하고 전처리(preprocessing)하여 원하는 결과를 도출하기 위해서는 다양한 통계 기법 혹은 학습 알고리즘을 활용하게 된다. 이 과정을 통해 데이터에서 의미 있는 가치를 발견하게 된다. 다른 분야도 그렇지만, 데이터 분석 업무 또한 꽤 오랜 시간 내공을 쌓아야 분석 결과의 품질이 높아진다. 이쯤에서 궁금해지는 게 있다. 우리는 데이터 분석만큼 시각화, 그러니까 데이터 커뮤니케이션을 잘 하기 위해 충분한 시간을 들여 내공을 쌓았을까? 데이터 시각화는 데이터 분석으로 도출한 내용, 곧 결론만 순수하게 담는다. 훌륭한 분석 능력을 발휘하여 가치 있는 결론을 얻었다고 하더라도 표현하고, 전달하고자 하는 이야기를 시각적으로 충분히 고민하지 않았다면, 결론의 가치는 설득력을 잃고 아울러 노력의 대가도 반감되고 말 것이다. 데이터 시각화의 중요성은 여러 번 강조해도 지나치지 않다. 따라서 전달 단계의 업무(시각화)도 데이터 분석의 중요한 과정 중 하나로 인식할 필요가 있다. 그렇게 해야 좀 더 가치가 높은 시각화 자료를 완성할 수 있게 될 것이다.

## 시각화 자료 구성 업무에도 충분한 노력과 시간을 투자하자.

데이터를 시각화하는 과정은 잘 짜인 한편의 시나리오를 완성해 가는 것과 같다. 데이터 시각화를 기승전결 구조를 가진 소설이나 시나리오처럼 인식하고 발표 자료를 구성하는 데 노력을 기울여야 한다. 모든 자료, 이를테면 보고서, 발표 자료, 논문 등은 다음 4가지 과정을 거쳐 완성하게 된다. 일부 추가되거나 제외될 수 있지만, 대부분의 문서 형식은 서론, 사례, 내용, 결론의 흐름으로 작성된다. 아주 특별한 경우가 아닌 이상 이 흐름을 크게 벗어나지 않는다. 이것은 비단 데이터 분석에 한정된 것이 아니라 문서화하는 자료 대부분에 해당하는 이야기다. 발표 역시 자료의 구성 순서대로 진행된다는 점에서 이 흐름은 매우 중요하다. 하나의 사례를 통해 간단하게 문서의 핵심 주제 4가지에 대해 살펴보자.

### [사례] 미세먼지 전용 마스크 출시의 타당성 조사 보고

① 먼저 서론 부분이다. 서론의 핵심은 해당 분석, 혹은 지금 이 발표가 왜 필요하고 어떻게 이와 같은 결론을 얻게 되었는지 충분한 이유를 들어 설명하는 것이다. 세부적으로 자료에 대한 배경, 필요성 그리고 목적을 언급한다. 자료의 설득력을 충분히 확보하기 위해서 가장 중요한 부분이다.

**[배경]**

**1. 개인 보건 관리에 대한 인식 수준이 높아지는 추세를 설명하기 위해 공공 데이터를 활용한 시각화 자료 제시**

**2. 기존 황사와 미세먼지는 성격이 다른 점을 최근 몇 년간의 미세먼지 증가 추세를 시각화하여 구체적으로 강조.**

**[필요성]**

**1. 미세먼지 전용 마스크를 개발하여 황사 및 일반 보건 마스크와의 차별성 확보가 필요한 시점**

**[목적]**

**1. 미세먼지 전용 마스크 개발과 시장 출시를 위한 공격적인 투자 및 시장 선점 효과의 손익 분석**

② 다음은 사례를 조사하고 제시한다. 구체적으로 국내외 시장의 상황과 규모 및 기술 수준을 명확히 제시해 준다. 추가적으로 유사 제품 및 소비자의 반응 등도 필요에 따라 부연한다. 사례를 작성하는 가장 큰 목적은 앞의 서론을 부연해 설명하고 뒤이어 작성될 조사 및 분석 결과의 신뢰성을 뒷받침할 수 있도록 하는 것이다. 특히 사례를 통해 나의 조사 및 분석 결과가 충분히 가치 있는 내용임을 입증하는 도구로 활용해야 한다. 의외로 이 부분을 간과하는 경우가 종종 발생하는데 오히려 조사 및 분석 결과의 내용보다 훨씬 중요하다고 할 수 있다. 어쩌면 사례에 대한 스토리가 완벽하고 청중에게 정확하게 의미가 전달된다면 뒤

이어 제시되는 내용과 결론 부분을 굳이 설명하지 않아도 충분한 설득이 이루어졌다고 볼 수 있다. 대부분의 프로젝트에서 흔히 우리가 'reference'로 부르는 유사 사례를 찾는 이유가 바로 여기에 있는 것이다.

**[국내외 마스크 시장 규모]**
**1. 황사, 미세먼지 집중 기간의 마스크 판매 변화 추이 등을 시각화하여 제시.**
**2. 미세먼지 전용 마스크 제품에 대한 조사, 시장 규모 등을 시각화하여 제시.**
**3. 해당 시장 내에서 소비자의 반응.**

**[미세먼지 전용 마스크 개발을 위한 필요 기술]**
**1. 황사와 미세먼지 마스크의 기술적 차이점 설명**
**2. 현재 보유 기술에서 미세먼지 전용 마스크를 만들기 위한 추가 소요 기술에 대한 설명.**

앞서 서론과 사례는 아마도 내가 가진 기술 및 능력과는 조금 다른 분야의 서술이자 이야기일 수 있다. 필요에 따라 주변의 도움을 충분히 받는 것도 권장한다.

③ 다음으로 작성될 구체적인 조사 및 분석 내용은 본격적인 나의 이야기가 된다.

**[추가 투입 비용 대비 매출 상승 비용 비교]**
**1. 미세먼지 전용 마스크 생산을 위한 추가 투입 비용 대비 매출 증대 비용의 효율성 분석 결과를 제시하여 투자 가치 증명**
**2. 시장 선점 효과에 대한 구체적인 데이터 검증 결과 제시**

분석 내용을 작성할 때는 어떤 데이터를 활용하여 어떤 분석을 왜 수행했는지 간략한 결론을 반영하여 이야기한다. 선택한 데이터가 결론을 위해 왜 필요하고 부합된 것인지도 간략하게 설명해 준다. 그리고 어떤 도구 또는 방법론을 활용하여 결론을 도출했는지 아주 간략하게 언급한다. 이러한 내용은 굳이 자료에 포함할 필요는 없다. 도구 및 알고리즘에 대한 설명이 너무 구체적이면 관심도가 떨어진다. 전문적인 용어보다 해당 기법이 어떤 분야에 활용되는 것이고 따라서 이 분석 결과에 얼마나 타당한지를 중심 포인트로 설명한다. 이처럼 자료는 분석 내용만을 담고 부가적인 내용은 구두로 설명한다.

다음으로는 이 분석을 수행하면서 어떤 어려움이 있었는지도 알려준다. 데이터의 수집 과정 혹은 분석 과정의 어려움 등을 설명하되 이 역시 너무 많은 시간을 할애해 이야기할 필요는 없다. 이 부분의 설명은 그만큼 어려움도 있었지만, 만족스러운 결과가 도출되었다는 점을 부각하는 일종의 부연 설명 정도로 다룬다. 추가로 이런 어려움을 극복하기 위해 어떤 방법을 활용하고 고민 했는지도 잠시 언급하면 좋다.

④ 마지막으로 보고 내용의 결론을 서술한다. 되도록 1장 많아야 2장이 넘지 않도록 구

성한다. 중요한 부분은 분석의 결과를 담는 것이 아닌 전체적인 결론, 그러니까 해당 보고의 종합적인 결과를 작성하는 것이다. 분석 결과의 보고는 3번째 단계인 내용에 반영하는 것이다. 전체에 대한 결론을 말할 때는 다시 한번 주제에 대해 언급한다. 그리고 가장 중요한 기대효과를 꼭 언급해 준다.

**[미세먼지 전용 마스크 출시]**
**1. 약 25% 이상의 마스크 판매 및 매출 증대**
**2. 기능별 마스크 출시를 통한 판매 채널의 다각화 모색**
**3. 기존 생산 설비를 충분히 활용한 고객의 선택권 확장**

전체적인 결론은 보고 주제에 어울리는 결론이 이렇게 나왔다는 점을 다시 상기시키는 과정이다. 결론을 이야기할 때는 적절한 긴장감과 분위기 전환을 위한 가벼운 이야기를 적절히 조합해 이야기하면 더욱 효과적인 발표가 된다. 내가 수행한 데이터 분석의 결과 그리고 전체적인 보고의 결과를 상대방에게 전달할 때는 일방적으로 통보하듯 강요해서는 안 된다.

전체적인 발표의 흐름과 맥락을 위와 같이 설정하고 준비하면 많은 도움을 받게 된다. 결국 내가 이야기하고자 하는 메시지를 효과적으로 전달하기 위해서는 잘 짜인 시나리오에 따라 강조할 부분과 힘을 뺄 부분을 적절하게 조합하여 설명하는 것이다.

# 7 시나리오는 힘이 세다

데이터 분석을 수행하는 시간만큼이나 시각화 자료의 구성, 시나리오를 만드는 일에도 이제 충분한 시간을 투자해야 한다. 시나리오는 여러분의 발표가 충분히 설득력을 얻고, 핵심 내용을 효과적으로 전달하는 데 매우 중요한 역할을 하기 때문이다. 데이터 커뮤니케이션에 익숙한 사람도 시각화 자료를 구성하고 만드는 작업은 늘 부담이 된다. 그래서 익숙하고 경험이 많은 사람도 단번에 완벽한 시각화 자료를 만드는 일은 쉽지 않다. 나도 마찬가지다. 모든 사람을 일반화할 수는 없지만 적어도 내 주변의 전문가라 불리는 대다수도 시각화 자료의 구성에 애를 먹는다고 한다.

전체적인 구상을 단번에 완성하기보다 첫 구도를 잡고 수정해 가며 좀 더 짜임새 있는 시나리오를 완성해 간다. 처음 작성된 구성이 변함없이 마지막까지 유지된다고 할 수는 없지만 초기에 시나리오를 개략적이나마 작성해 두면 좀 더 성공적인 시각화 발표 자료를 만들 수 있다. 다시 강조하지만 서론, 사례, 내용, 결론의 흐름을 유지하는 것을 잊지 말아야 한다. 초기에 시나리오를 작성해 갈 때는 수용자에게 데이터 분석의 결과에 관해 의견을 물어도 보고 그들이 원하는 결과와 얼마나 부합되는지 사전에 점검하면 좋다. 시나리오에 따라 최종 시각화 자료가 완성되면 처음 작성했던 시나리오가 큰 틀에서 변화되어 있다는 것을 알게 된다. 하지만 초기 시나리오는 최종 결과 시나리오의 수정을 최소화할 수 있으며, 이러한 훈련이 누적되면 시나리오 작성의 시간이 대폭 줄어들게 된다.

## 초기 시나리오도 중요한 훈련의 과정이다.

초기 시나리오의 작성을 너무 거창하게 생각할 필요는 없다. 간혹 초기 시나리오를 구상할 때 PPT 프로그램을 활용하는 경우도 있다. 결론적으로 그다지 추천하지 않는다. PPT 프로그램을 처음부터 활용하면 화면 구성에만 초점이 맞춰지게 되고, 내용만 생각하는 경우가 발생한다. 더 큰 문제는 PPT를 채우는 데 급급한 나머지 불필요한 정보를 마구잡이로 담게 되는 일도 벌어진다. 이런 과정이 되풀이되면 PPT 파일은 거대해지고 최종적으로 정리에 애를 먹게 된다. 무엇을 빼고 걷어내야 하는지 혼란을 야기할 뿐이다.

나는 주로 포스트잇, 노트 메모 등을 적극 활용한다. 내 방식이 꼭 정답이라고 말할 수는 없지만 비교적 효과가 있다. 생각날 때마다 포스트잇에 기록해 두고 노트에 마치 스케치하듯 그려보고 작성해 본다. 무분별하게 포스트잇이 생산되어도, 도저히 알아보기 힘들 정도의 메모가 나와도 크게 개의치 않는다. 어차피 두 재료 모두 완벽하게 시각화 자료에 포함되지 않기 때문이다. 꼭 해당 발표만을 위한 것이 아닌, 추후 이러한 과정의 반복은 나의 훌륭한 아이디어 뱅크가 된다. 이렇게 하면 여러 발표에 돌려쓰기도 충분히 가능하다. 그러니 시간 날 때마다 다양한 생각을 기록하고 스케치해 두는 습관을 갖도록 하자.

**생각이 떠오를 때마다 기록하는 습관을 갖자.**

시나리오를 통해 시각화 자료를 완성하는 방법이 중요한 또 다른 이유는 상황을 정확히 이해할 수 있기 때문이다. 무엇을 어떤 방법으로 분석하고 커뮤니케이션할 것인지, 지금 이 분석 결과를 누구에게 전달할 것인지 등을 시나리오를 통해 정리하는 과정이 매우 중요하다. 이러한 작업은 계속되는 시각화 자료의 정리 시간을 줄여주고, 시각화 자료가 전달하고자 하는 내용의 완성도를 높여준다. 그리하여 시각화 자료의 설득력을 높이는데 확실하게 도움이 된다. 그리고 배경, 사례, 분석 내용 및 결과, 기대효과 등의 결론을 하나의 흐름으로 연결해 주며, 더 나아가 충분한 전달력을 보증해 줄 것이다.

## 시나리오는 충분한 전달력을 확보해 준다.

시나리오를 작성한다고 하니까 너무 복잡하게 생각하는 사람들이 있다. 우리는 영화나 TV, 혹은 CF 감독이 아니다. 줄거리가 완벽히 짜인 긴 글을 써내려 가는 것이 아니다. 앞서 말한 것처럼 단순한 메모만으로도 충분히 데이터 커뮤니케이션을 위한 시나리오를 완성해 갈 수 있다. 기획과 설계의 과정과도 다르다. 우리가 지금 이야기하는 시나리오는 전체적인 방향성을 결정하는 작업에 가깝다. 그리고 반드시 결과물이 존재해야 하는 것도 아니다. 우리의 최종 목적지는 훌륭한 시각화 자료이다. 보조 수단에 불과한 시나리오가 아니다. 그러므로 시나리오를 작성하는 일 자체가 또 다른 영역의 임무를 수행하는 작업이 되어서도 안 된다. 업무의 과중으로 나타나고, 이것이 스트레스가 되어서는 안 된다는 의미다. 지나치게 많은 노력과 시간을 투자할 필요는 없다. 시각화 자료를 어떻게 구성하고, 어떤 과정을 거쳐 청중에게 발표할지 한 번쯤 고민해 보는 단계로 인식하면 가장 좋다.

**이슈:**
지속적인 원부자재 가격의 상승으로 인한 생산 단가의 상승

**이슈 상황 데이터 입증:**
최근 1년 간의 핵심 제품을 선별하여 원가의 변화 추이와 제품 생산 비용의 흐름 파악

**해결방안 제시하기:**
원부자재 발주 시기 조절, 생산 주기와 수량의 변화, 납품처의 변경에 따른 위험 요인 판별

**제안 내용에 대한 목표:**
제안 사항 공유와 유관 부서의 의견 수렴 및 담당자의 생각 반영

**변화 이후의 기대효과:**
현 상황과 프로세스 변경 이후의 데이터 변화 추이 비교 및 효과 입증

**향후 진행 방향성:**
프로세스 변경에 따른 부서간 견해차 파악 및 이후 수정안에 대한 고민

위 내용은 실제 컨설팅을 진행하며 포스트잇을 활용하여 필자가 직접 작성한 초반 시나리오 구성안이다. 무엇이 문제인지 파악하고 그를 해결하기 위한 방안과 향후 기대할 수 있는 상황 등을 흐름에 따라 정리한 것이다. 반드시 흐름에 따라 작성해야 하는 것은 아니다. 시나리오는 그냥 생각나는 대로 적어 두는 것도 도움이 된다.

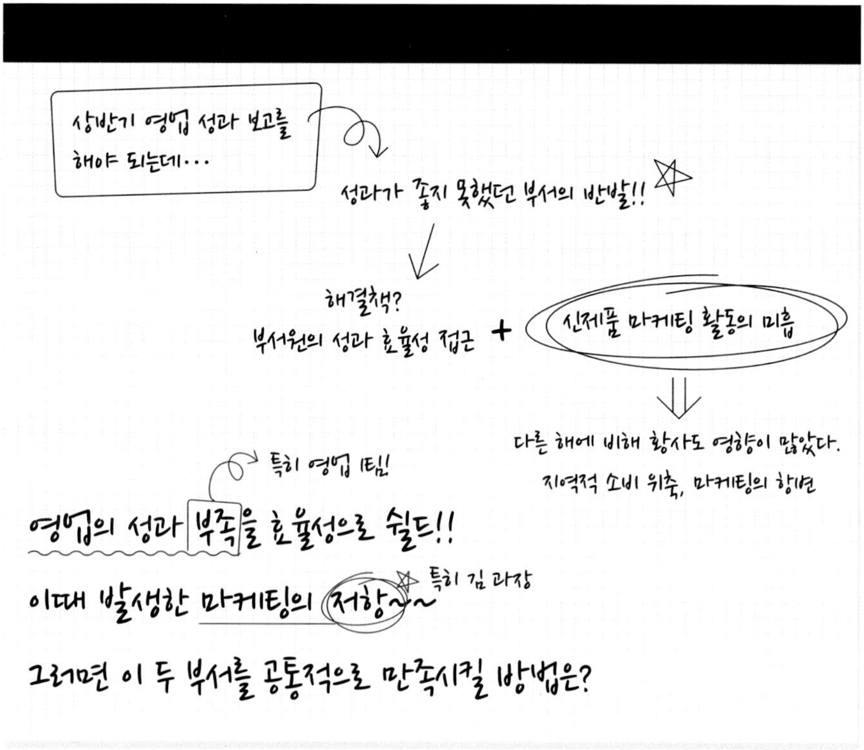


포스트잇을 활용한 예시처럼 이미 그 주제가 확정된 상황에서 접근하는 시나리오도 있지만 위 노트에 작성한 예시처럼 아직 주제가 정해지지 않은 상황에서 생각을 두서없이 작성하는 방법도 있다. 노트 내용은 향후 발표하게 될 내용에 관계된 여러 사람이 어떻게 반응하고 받아들일지에 대한 고민을 기록한 것이다.

이처럼 간단하지만, 발표를 위한 시나리오를 작성한다는 것은 여러분의 발표 내용을 좀 더 명확하게 그리고 간결하게 전달할 수 있는 밑거름이 된다. 무엇보다 발표장의 분위기를 내가 원했던 방향으로 유도할 수 있게 해줄 것이다.

**다시 한번 상기하자.**
**시각화 자료 구성을 위한 시나리오를 틈틈이 고민하자.**

DATA
VISUALIZATION
실무에서 바로 통하는
데이터 시각화 노하우

# #02
# 한눈에 들어오는 시각화 자료 만드는 방법

① 숫자로 표현하기

② 보고용 시각화 자료 만들기, 발표용이 아니라!

③ 효과적인 점과 선 활용법

④ 막대 차트가 가지는 놀라운 힘

⑤ 막대 차트의 응용법

⑥ 파이 차트는 불친절하다

⑦ 시각화, 이것만은 피하자

# 1 숫자로 표현하기

앞장에선 데이터 시각화 발표를 준비하고 자료를 만드는 과정에서 무엇을 고민해야 하고, 어떻게 작성하는 게 효과적인지 설명하였다. 지금부터는 발표 자료에 포함될 핵심 소재인 시각화 자료의 현명한 선택에 관해 이야기하려고 한다.

먼저 여러분에게 질문을 하고 싶다. 혹시 여러분은 시각화 자료, 하면 가장 먼저 무엇이 떠오르는가? 아마도 대부분의 사람은 전통적인 방식의 그래프 혹은 차트를 떠올릴 것이다. 그중에서도 대표적으로 막대 차트, 파이(원형) 차트 그리고 산점도 등이 생각날 것이다.

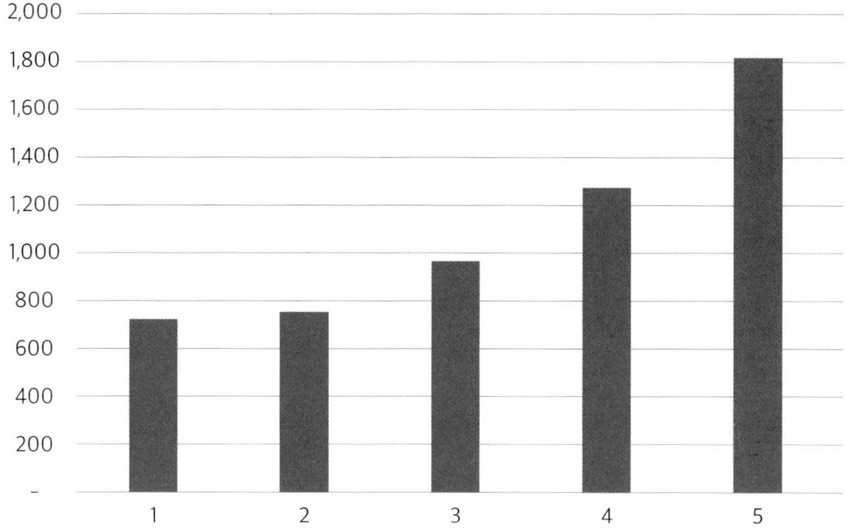
2,000
1,800
1,600
1,400
1,200
1,000
800
600
400
200
-
1
2
3
4
5

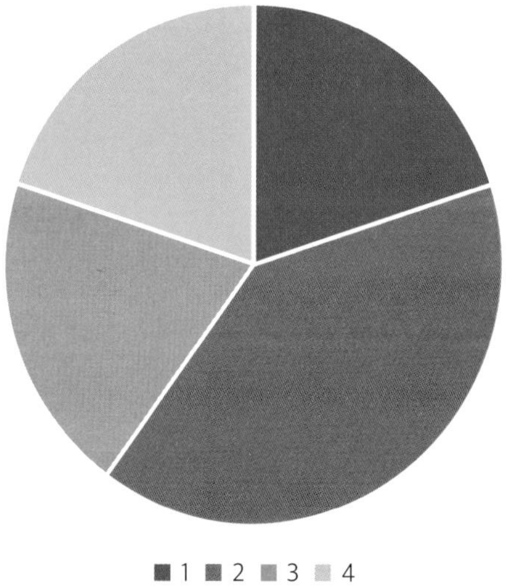
1 2 3 4

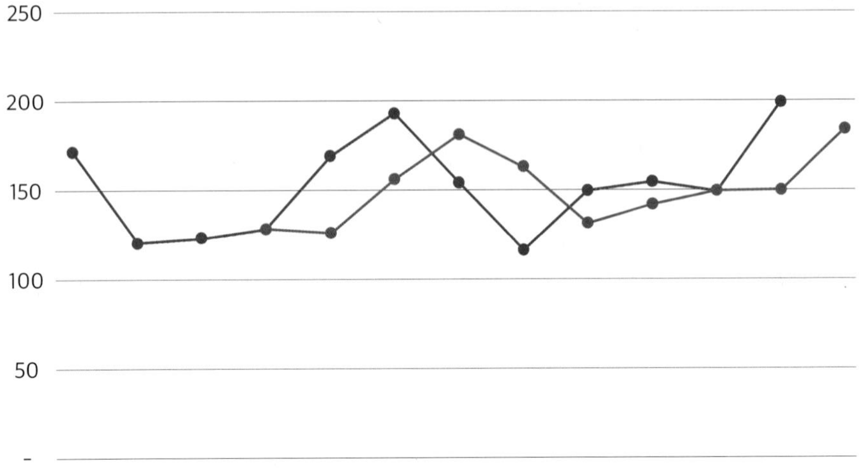


사실 시각화 자료를 대표하는 그래프와 차트는 정말 다양하게 존재한다. 하지만 우리가 사용하는 그래프는 극히 일부에 지나지 않는다. 이렇듯 극히 일부만 사용하는 그래프와 차트를 반드시 써야 시각화 자료로 인정을 받을 수 있을까? 아니, 바꿔 말하면 그래프와 차트만이 시각화 자료일까?

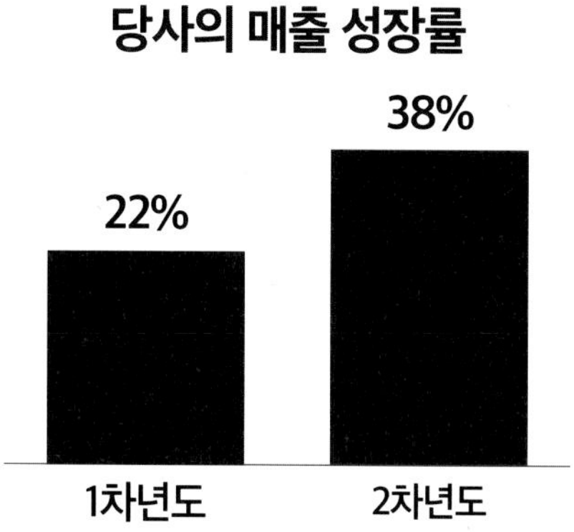


지금 제시된 막대 차트는 1, 2차 연도의 매출 성장률을 나타낸 시각화 자료이다. 여러분이 보기에도 큰 문제가 없으며 표현하고자 하는 내용이 정확히 제시된 시각화 자료임이 분명하다. 해당 시각화 자료가 특별한 문제는 없지만 다른 표현 방법은 없을까? 표현의 방식을 조금 바꿔 보았다.

**1차년도 당사의 매출 성장률 22%**

**38%**

**의 성장을 기록한 2차년도!**

우리가 시각화 자료, 하면 떠올리던 그래프와 차트를 배제하고 텍스트와 숫자만으로 구성하였다. 앞서 막대 차트는 물론 지금 보고 있는 숫자 중심의 자료 모두 시각화를 표현하는 재료로서 손색이 없어 보인다. 여러분이 느끼기에 어느 쪽이 더 효과적인 시각화 자료로 보이는가? 여러분이 청중이라면 어느 자료가 더 쉽게 이해하고 공감할 수 있을까? 이처럼 단순한 텍스트를 사용해도 충분히 효과적인 시각화 자료를 만들 수 있다.

**단순한 텍스트와 숫자만으로도 효과적인 시각화는 가능하다.**

그래도 시각화의 기본은 그래프인데……. 이런 의구심을 갖는 분들도 충분히 있을 것이다. 그러면 두 재료를 혼합하여 구성하면 어떨까?

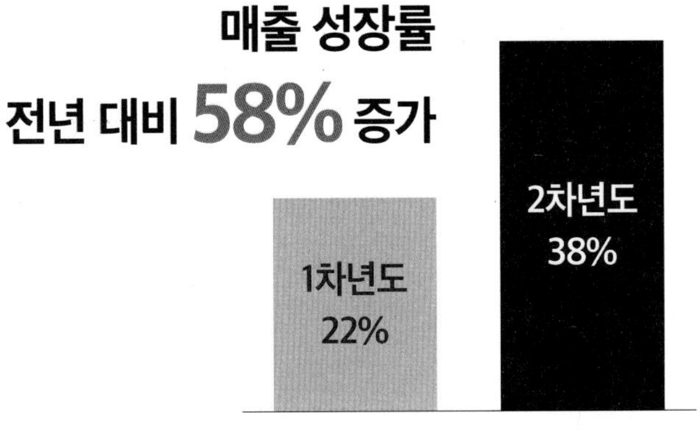

이번에는 단순히 성장률에 대한 표현보다 전년 대비 얼마나 더 성장했는지에 초점을 맞추어 표현하였다. 이처럼 어디에 방점을 두고 표현할 것인가도 매우 중요한 포인트이다. 내가 강조하고 싶은 포인트를 숫자로 강렬하게 전달하여 청중에게 각인을 시키는 것이다.

조금 더 들여다보자. 어떤 데이터를 지금처럼 텍스트 혹은 숫자를 활용해 표현해도 시각화 자료로 충분히 어필할 수 있을까? 정답은 서로 완전히 다른 측정값을 보여주고 싶을 때 사용하면 가능하다. 특히나 위에서 보았듯이 단순 비교를 통해 상대적 수치를 나타내고자 할 때 활용하면 훨씬 효과적일 수 있다. 청중이 꼭 알아주었으면 하는 부분을 숫자로 강조하고 비교적 덜 중요하다고 판단되는 상대 숫자를 축소 혹은 옅은 색을 적용하여 표현하는 것이다. 이러면 내가 강조하는 숫자가 좀 더 큰 의미로 청중은 느끼게 된다. 그러므로 정확히 수치를 표현하고자 할 때는 적극적으로 숫자를 활용하여 시각화 소통하는 것이 현명하고 유리하다.

반드시 그래프와 차트에 집착할 필요가 없다. 단, 숫자를 적극 활용할 때 고려해야 할 부분은 강조하는 숫자와 비교적 덜 중요했던 숫자가 완전히 다른 의미의 측정값인지 고민하는 것이다. 발표 내용에서 변화된 값이 분석 결과의 흐름이나 비율보다 더 핵심적인 것인지 반드시 고려해야 한다. 또 하나는 데이터 시각화는 대부분 숫자를 다루게 된다는 점이다. 그러므로 다양한 숫자가 등장할 때 특정된 하나의 숫자로 강조할 포인트를 잡고 부각하고자 한다면 다른 숫자들의 의미가 퇴색돼 전달하고자 하는 내용이 왜곡되지 않도록 주의해야 한다. 다양한 숫자가 가진 의미와 정보를 잃어버릴 수 있기 때문이다. 하지만 그럼에도 예제처럼 한두 개의 숫자로 데이터 커뮤니케이션 해야 할 때에는 숫자를 적극적으로 활용하자.

**숫자도 훌륭한 시각화 자료이다.**
**특히, 측정값이 서로 다를 때 한두 개 숫자로 비교하여 표현하면**
**더 효과적이다.**

# 2 보고용 시각화 자료 만들기, 발표용이 아니라!

모든 데이터 분석 결과를 전달할 때, 언제나 청중 앞에서 발표하는 형식으로 진행되는 것은 아니다. 어쩌면, 아니 오히려 발표보다 단순한 보고 자료로 결과를 공유할 때가 더 많을지도 모른다. 단순히 생각해도 발표 자료는 청중에게 잘 짜인 각본에 따라 잘 설명을 할 수 있는 자리이므로 간결한 시각화 자료만으로 충분하다. 하지만 보고 자료는 모든 사람에게 일일이 돌아가며 설명을 해줄 수 없다. 특별한 내용 설명 없이 단순 시각화 자료만 전달하면 의미 파악이 정확히 이루어지지 않을 수 있으며 왜곡된 정보 전달이 이루어질 수도 있다. 그래서 보고 자료를 만들며 설명을 배재한 시각화 자료만으로 구성하는 것은 오히려 좋은 방법이 아니다. 발표 자료와 보고 자료의 시각화 내용은 조금 달라야 한다.

## 발표 자료와 보고 자료의 시각화는 다르다.

보고 자료의 구성에서 시각화 자료는 물론 적절한 설명을 부연해서 구성해야 한다는 점은 여러분들도 충분히 이해할 수 있다. 그런데, 과연 어느 정도의 설명이 적당한 것인지에 대해서는 여러분도 나도 정확한 답을 제시하기 어렵다. 적당한 설명이 포함되어야 하지만 그렇다고 텍스트로 가득한 긴 설명만으로 채우는 것도 바람직하지 않아 보인다.

그래서 보고 자료를 구성할 때는 표, 즉 테이블을 적절히 사용하면 시각화 효과와 함께 충분한 설명을 곁들인 훌륭한 보고자료를 완성할 수 있다. 테이블은 우리가 일상에서 가장 쉽게 접하고 많이 활용하는, 텍스트와 결합된 매우 훌륭한 시각화 자료이다. 테이블은 구성에 따라 다를 수 있지만 꽤 많은 정보가 담긴다. 행과 열로 구성된 테이블을 어떻게 읽고 이해해야 하는 지는 굳이 설명하지 않아도 사람들이 대부분 알고 있다. 일반적으로 사람들은 테이블을 읽을 때 행을 따라 좌에서 우로, 열을 따라 위에서 아래로 읽어 내려간다. 이러한 과정을 반복하며 테이블에 포함된 내용을 파악하고 다양하게 산재한 값들을 머릿속에 그리며 비교하기도 한다.

| 제품명 (KRW 1,000,000) | 매출 | |
|---|---|---|
| | 수량 | 금액 |
| GOODS 1 | 192 | 13.5 |
| GOODS 2 | 112 | 5.3 |
| GOODS 3 | 128 | 7.5 |
| GOODS 4 | 352 | 32.0 |
| GOODS 5 | 160 | 12.2 |
| GOODS 6 | 168 | 11.3 |
| GOODS 7 | 112 | 7.9 |
| GOODS 8 | 737 | 57.5 |
| GOODS 9 | 180 | 30.3 |
| GOODS 10 | 192 | 15.7 |

테이블을 활용하여 자료를 구성할 때는, 특히 다양한 값을 비교하며 소통하고자 할 때 유리하다. 이러한 테이블을 활용할 때 주의할 점은, 너무나도 당연한 이야기 같지만, 테이블의 디자인보다 그 안에 담기는 내용에 집중해야 한다는 점이다. 자료를 받은 사람들이 집중해야 할 부분은 테이블의 화려함이 아니라 테이블이 담고 있는 데이터이다. 이런 의미에서 볼 때 앞서 제시된 테이블은 그다지 좋은 예시가 될 수 없다. 특정 부분의 배경이 너무 진하며 경계선의 두께도 너무 두껍다. 굳이 배경이 반드시 필요한 부분이 있다면 조금 더 옅은 색을 사용하고, 될 수 있으면 경계선은 단순한 구분선 정도로 사용하는 것이 현명하다.

| 제품명 (KRW 1,000,000) | 매출 | |
|---|---|---|
| | 수량 | 금액 |
| GOODS 1 | 192 | 13.5 |
| GOODS 2 | 112 | 5.3 |
| GOODS 3 | 128 | 7.5 |
| GOODS 4 | 352 | 32.0 |
| GOODS 5 | 160 | 12.2 |
| GOODS 6 | 168 | 11.3 |
| GOODS 7 | 112 | 7.9 |
| GOODS 8 | 737 | 57.5 |
| GOODS 9 | 180 | 30.3 |
| GOODS 10 | 192 | 15.7 |

## 보고 자료에서 테이블을 적극 활용하자.

보고 자료의 구성 요소로서 테이블은 아주 훌륭하다. 적어도 테이블에 담긴 데이터가 충분한 가독성을 확보할 때는 말이다. 하지만 테이블이 아무리 뛰어나다 한들 우리가 전통적으로 생각해 왔던 그래프와 차트 같은 시각화 자료를 대체할 정도의 수준은 분명 아니다. 정확하게 표현하자면 테이블은 읽기 자료이지 100% 시각화 자료라 할 수는 없다. 그래서 자료를 전달받은 사람이 테이블의 정보를 이해하기 위해서는 조금의 노력과 시간이 필요하다.

보고서용 자료라고 해서 시각화 자료는 완전히 배제하고 무조건 테이블만으로 구성해야 하는 건 아니다. 설명은 되도록 테이블을 사용하되 시각적 효과는 늘 사용해 오던 시각화 자료에서 얻으려고 해야 한다. 시각화 재료가 좋으면 더 훌륭한 보고 자료가 될 수 있다.

| 제품명 (KRW 1,000,000) | 매출 | |
|---|---|---|
| | 수량 | 금액 |
| GOODS 1 | 192 | 13.5 |
| GOODS 2 | 112 | 5.3 |
| GOODS 3 | 128 | 7.5 |
| GOODS 4 | 352 | 32.0 |
| GOODS 5 | 160 | 12.2 |
| GOODS 6 | 168 | 11.3 |
| GOODS 7 | 112 | 7.9 |
| GOODS 8 | 737 | 57.5 |
| GOODS 9 | 180 | 30.3 |
| GOODS 10 | 192 | 15.7 |

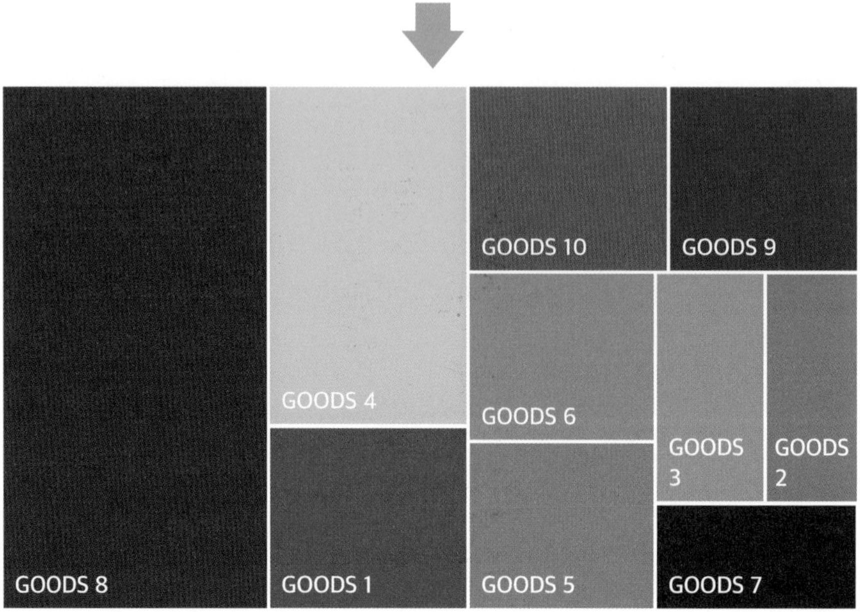


흔히 맵(map) 차트라 불리는 시각화 자료를 제공하여 테이블의 내용을 빠르게 이해할 수 있도록 제공해 준 것이다. 시각화 자료를 보면 테이블보다 내용을 쉽고 빠르게 이해할 수 있다. 보고를 받는 사람은 굳이 테이블 내용을 이해하기 위한 노력을 할 필요가 없다. 혹시 구체적인 수치를 확인하고 싶다면 시각화 자료를 통해 확인하고 테이블로 시선을 이동해 원하는 값을 확인하면 된다. 혹은 테이블의 구체적인 수치와 그래프를 번갈아 가며 내용을 확인할 수도 있다.

**테이블과 시각화 차트를 조합하여 자료를 구성하자.**

한가지 생각할 부분이 있다. 색상의 구성과 관련해서는 뒤에 다시 다루겠지만 시각화 자료가 무조건 화려해야 하는 건 아니다. 아니 오히려 화려하면 할수록 가독성은 분명히 떨어진다. 따라서 무조건 화려함을 강조하기보다는 통일된 한 두 가지 색상으로 시각화 자료를 구성하는 것이 좋다. 시각화 자료에서 중요한 건 디자인이 아니라 그 속에 담긴 데이터이다.

이와 같이 통일된 색상으로 시각화 자료에 조금 변화를 주면, 가독성이 훨씬 높아지고 보고를 받는 사람 입장에서도 이해가 빨라진다. 내가 지금 무엇을 보아야 하는지 알 수 있으며 어느 데이터에 관심을 가져야 하는지를 빠르게 판단할 수 있는 것이다.

**보고 자료를 구성할 때는 시각화 자료로 가시적 효과를 높이고,**
**설명은 되도록 테이블을 활용하자.**

# 3 효과적인 점과 선 활용법

실제 업무에서 시각화 자료를 구성할 때 막대 차트와 더불어 가장 많이 활용되는 자료를 꼽자면 아마도 산점도와 각 점을 선으로 연결한 선 그래프일 것이다. 이번에는 점과 선을 이용해서 시각화 자료를 효과적으로 구성하는 방법을 고민해 본다.

먼저 산점도이다. 산점도는 주어진 두 개의 데이터 사이의 관계를 확인할 때 주로 활용된다. 쉽게 말하면 X와 Y 값의 변화와 관계를 표현할 때 사용한다. 이해를 돕기 위해 몇 가지 상품의 매출과 재고 관계를 파악하기 위한 데이터 기반의 산점도 그래프를 작성했다고 가정해 보았다.

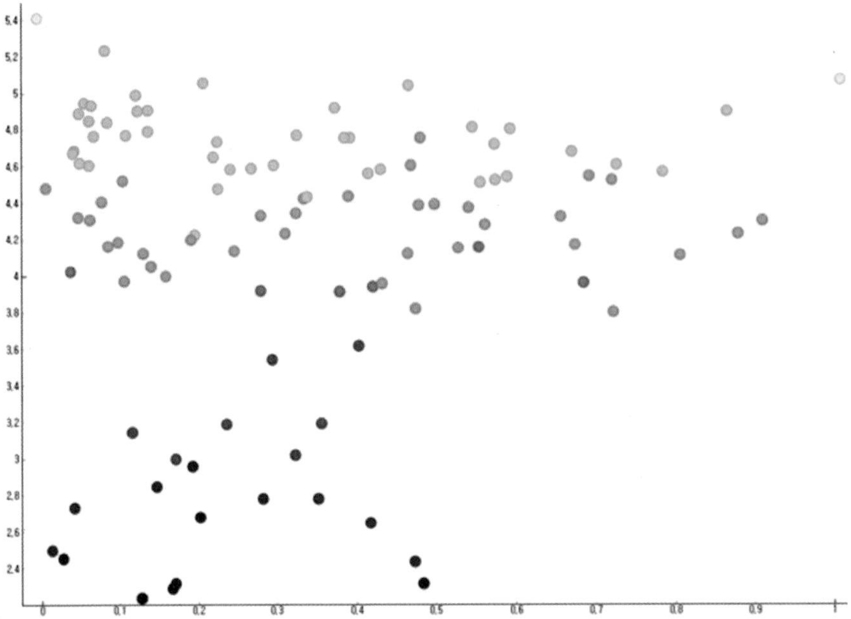


아주 기본적인 산점도 그래프가 완성되었다. 산점도의 표현은 이게 전부이다. 이 이상도 이하도 솔직히 없다. 그런데 산점도는 조금 고약하다. 시각적으로 표현은 쉽고 편한데 가독성이 매우 떨어진다. 위의 산점도 그래프도 앞서 어떤 예시인지에 대한 설명이 없었다면 이해하기 쉽지 않았을 것이다. 그리고 빠르게 해석하기도 쉽지 않다. 해당 예시를 보고 각 상품의 재고와 매출이 어떤 관계인지 파악하기가 곤란하다. 예시를 산점도로 표현한다는 건 상품 하나하나의 관계를 파악하기보다는 전체 상품에 대한 전반적인 재고와 매출의 관계를 파악하기 위한 자료 정도로 활용될 것이다. 만약 X축이 매출, Y축이 재고라고 가정할 때 재고를 기준으로 일정한 선을 하나 추가해 보자.

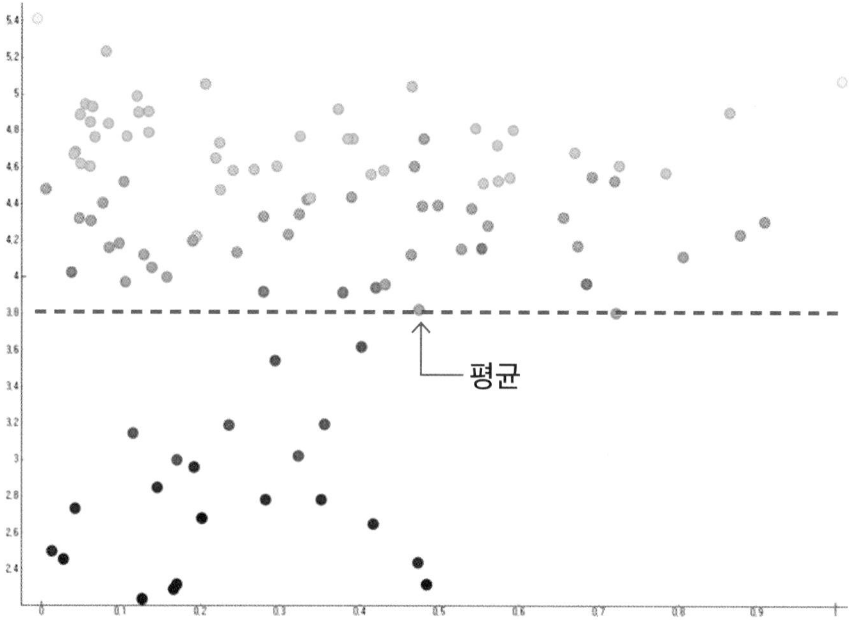


재고 금액의 평균을 구하고 평균점을 기준으로 선을 하나 추가했을 뿐이다. 대부분의 제품이 매출 대비 재고가 높다는 것을 한눈에 알 수 있다. 다시 정리하면 산점도는 모든 대상의 X, Y 값의 관계를 시각화한다. 하지만 각각의 관계를 파악하기는 힘들다는 약점이 있다. 산점도는 각각의 값으로 표현하지만, 전체를 파악하는 시각화 자료인 셈이다. 따라서 전체를 한눈에 확인할 방법이 추가되어야 그 목적을 완벽히 수행할 수 있게 된다. 그 포인트가 바로 적절히 반영된 선이다.

**산점도를 구성할 때는 반드시 정보를 빠르게 확인할 수 있는 포인트가 필요하다.**

점과 선을 이용한 시각화는 X와 Y의 관계는 물론 시간의 흐름에 따른 특정 대상 값의 변화도 표현한다. 일반적으로 연속형 데이터라 부르는데, 쉬운 예로 추세 및 추이를 표현하는 것이다. 점과 점 사이를 연결하고 주로 시계열 데이터로 이루어진다.

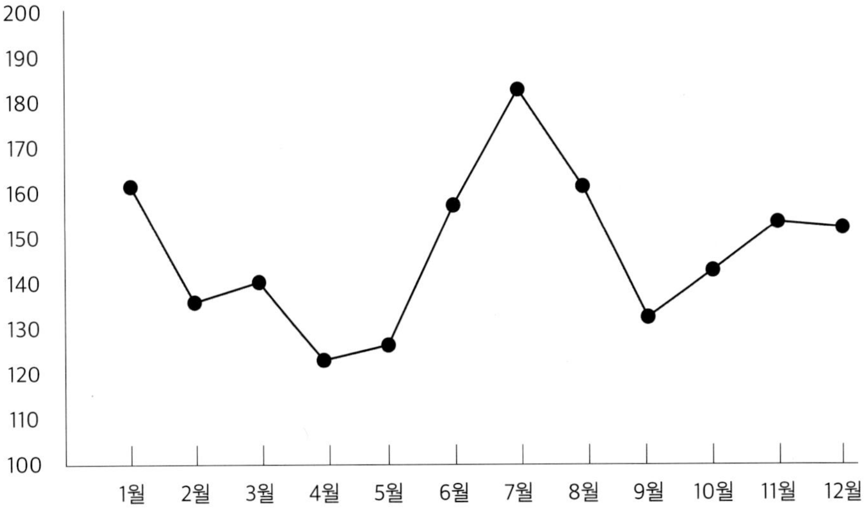

점과 점 사이를 연결하는 선을 사용할 때는 한 가지 부분에 유의하면 되는데, 주로 X축에 표현되는 시간의 흐름을 일관되게 유지하는 것이다. 위의 선과 점의 그래프에서 X축의 시간은 12개월로 각 구간을 1개월씩 처리하여 일정하게 증가한다. 그런데 다음의 그래프를 'A'를 보면 그렇지 못하다.

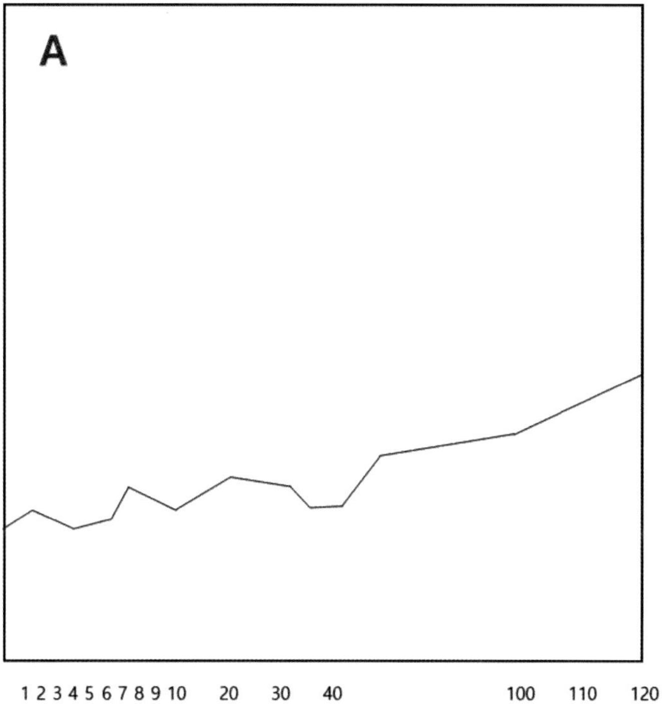


X축을 시간의 흐름으로 인지한다면 간격이 일정하지 않고 표현도 제멋대로다.

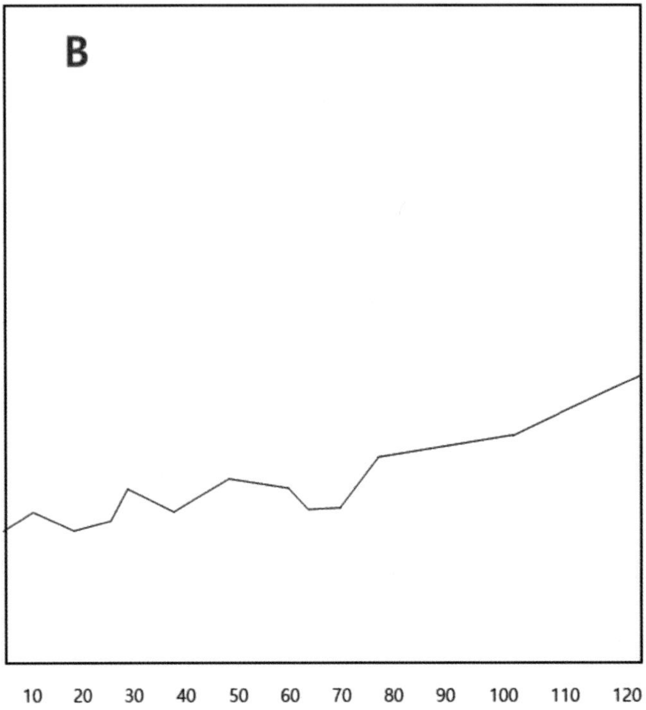


제시된 두 그래프 A와 B는 동일한 시각화 자료이다. 시간의 흐름에 따른 변화의 추이를 선 그래프로 표현하였다. 그런데 유심히 살펴보면 시간의 흐름, 즉 X축의 값이 다르게 표현되었다. 앞선 A에서는 1에서 120까지 1씩 증가하며 작성하였다. 공간을 확보하기 위해 10까지는 1씩 증가하고 그 이후는 10씩 증가하되 40부터 100까지는 표기도 생략하였다. B의 경우는 동일하게 1에서 120까지를 표기하되 처음부터 10씩 증가하도록 구성하여 누락된 수 없이 동일한 간격으로 표현되었다. 당연히 B처럼 시간의 흐름을 일관되게 표현하는 것이 좋다. 이러한 부분은 단순 시간의 흐름뿐 아니라 모든 시각화 자료를 구성할 때 꼭 기억해야 할 부분이다. 구태여 한정된 공간에 모든 값을 표현하기 보다는 일정하게 값을 유지하도록 구성하는 방안을 모색해야 하는 것이다.

## 시각화 자료의 수치는 일정한 흐름을 갖도록 구성하라.

점과 선을 활용한 시각화 자료는 앞서 추세를 표현하는 것 외에도 한 가지 방법에 더 사용된다. 일명 경사 그래프 또는 연결 그래프라 불리는 시각화 자료를 표현할 때이다. 꽤 오래된 TV 프로그램 중에 사랑의 작대기라는, 다수의 미혼 남녀가 출연해 호감이 가는 상대에게 사랑의 화살을 보내고 동시에 서로에게 화살을 받은 남녀가 한 쌍의 커플로 연결되는 프로그램, 방송의 커플 연결 과정이 생각나는 시각화 자료이다.

연결 그래프는 상대 비교되는 시간 혹은 기간, 시점 등의 변화 추이를 점과 선을 활용해 직접적으로 연결하여 가시성을 확보한 시각화 자료이다. 일반적으로 비교 시점 간 데이터의 변화, 그중에서도 증가 혹은 감소를 표현한다.

## 회사에 대한 직원의 만족도

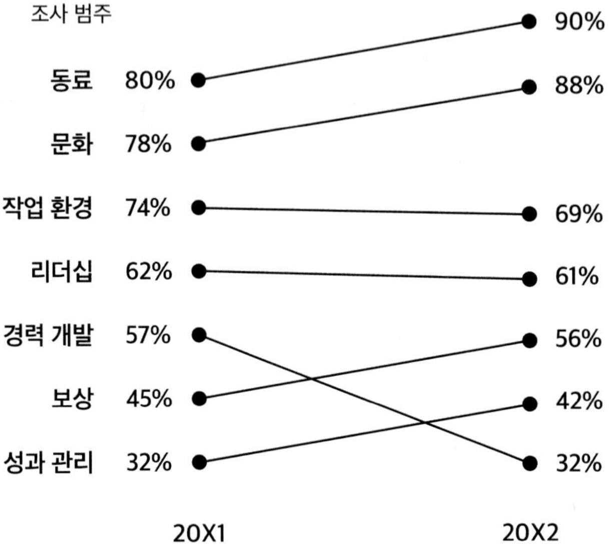


제시된 연결 그래프는 회사 내 인사 정책에 대한 직원들의 만족도 전수 조사 결과를 7개의 범주로 나누어 조사하고 그 결과를 표현한 것이다. 직전 연도와 올해의 두 시점 간의 만족도가 증가했는지 감소했는지 확인할 수 있는 효과적인 자료이다. 연결 그래프를 어떤 상황에 활용하면 좋을지를 정확히 판단할 수 있다면 누구나 어려움 없이 표현할 수 있는 매우 효과적인 시각화 자료이다.

이러한 연결 그래프를 사용할 때도 몇 가지만 주의하면 된다. 먼저 되도록 하나의 대상을 선택하여 표현한다. 제시된 예시는 만족도라는 하나의 대상을 표현하였다. 표현될 대상이 하나 이상이 되면 점과 선이 무분별하게 표현되어 가독성이 매우 떨어지게 된다. 두 번째는 선의 방향성을 최우선으로 고민하는 부분이다. 제시된 만족도 조사의 결과는 7개의 범주 중 경력 개발을 제외한 6개의 범주가 모두 증가하는 하나의 방향성을 갖는다. 선이 겹쳐 교차하는 부분을 효과적으로 표현하는 것이 중요하다. 예를 들어 앞의 예제에서 시점의 변화에 따라 감소하는 범주 한 개, 즉 경력 개발을 강조할 수 있다.

**회사에 대한 직원의 만족도**

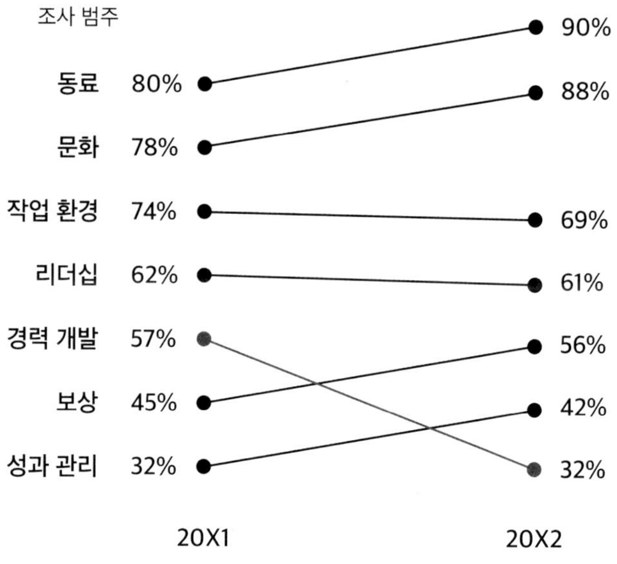

조사된 범주에서 방향성이 다른 하나의 범주를 선 색상을 다르게 표현하여 시각화한 것이다. 특별히 경력 개발이라는 범주가 다른 6개의 범주와는 다르게 직원들의 만족도가 감소했다는 부분이 강조된다. 상대적으로 6개의 범주는 동일한 색상으로 표현되어 주목받지 않도록 하였다.

생각해 보면 추세 혹은 추이에 따른 변화이든, 두 시점 간의 차이를 표현하는 것이든, 점과 선을 사용한 시각화는 결국 시간의 변화에 따른 데이터를 표현하는 데 특화된 시각화 자료라는 것이다.

**점과 선은 시간의 변화를 표현할 때 효과적이다.**

솔직하게 말하면 나는 시각화 자료를 구성할 때 여러 개의 선이 표현되는 자료를 사용하지 않는다. 선이 복잡하게 표현되면 내가 말하고자 하는 의미가 효과적으로 전달되지 않기 때문이다. 연결된 두 지점을 확인하는 데 의외로 많은 시간이 소요된다. 다중의 선으로 표현되고 그 방향성이 중구난방으로 이루어진 경우는, 그래서 더 피하게 된다. 점과 선, 특히 여러 개의 선이 복합적으로 사용되는 시각화 자료는 되도록 피하거나 사용하지 않는 것을 추천한다.

# 4 막대 차트가 가지는 놀라운 힘

뭐니 뭐니 해도 업무에서 가장 많이 활용하는 시각화 자료는 막대 차트일 것이다. 그만큼 누구나 알고 있고 누구나 손쉽게 사용이 가능하다는 의미다. 그리고 매우 중요한 시각화 자료라는 방증이기도 하다. 그런데 간혹 주변을 돌아보면 너무나 익숙해서 사용을 하지 않는다는 사람들이 있다. 이런 분들은 공통으로 너무 식상하고 일반적이라 평범하다고 말한다. 하지만 막대 차트는 일반적이고 식상하고 보편적이고 평범하기 때문에 더욱 적극적으로 활용해야 한다.

이유는 간단명료하다. 막대 차트를 활용한 시각화 자료를 전달받는 사람은 굳이 막대 차트를 읽고 해석하는 학습을 별도로 할 필요가 없기 때문이다. 그만큼 적은 노력으로 전달하고자 하는 의미를 효과적으로 표현할 수 있다는 이야기다. 따라서 지금보다 더 적극적으로 막대 차트를 활용해야 한다. 발표 자리에서, 청중이건 보고 자료를 전달받는 사람이건 막대 차트를 어떻게 읽고 해석하는지 이미 알고 있으므로, 막대 차트는 가시적인 효과와 전달력을 확실히 보증한다.

## 막대 차트는 이해하기 쉽다. 적극적으로 활용하자

사람들은 막대 차트를 어떻게 읽고 해석할까? 막대 차트를 전달받은 사람은 막대의 최상단에 눈을 고정하고 상대적 차이를 비교해 어떤 데이터가 가장 큰지, 혹은 가장 작은지, 데이터 간의 차이를 쉽고 빠르게 파악할 수 있다.

이렇듯 막대 차트는 유용하고 효과적이다. 막대 차트의 유용성과 효율성을 강화하려면 막대 차트가 표현할 범위를 전달력을 높이는 방향으로 설정하고 구성하는 것이다.

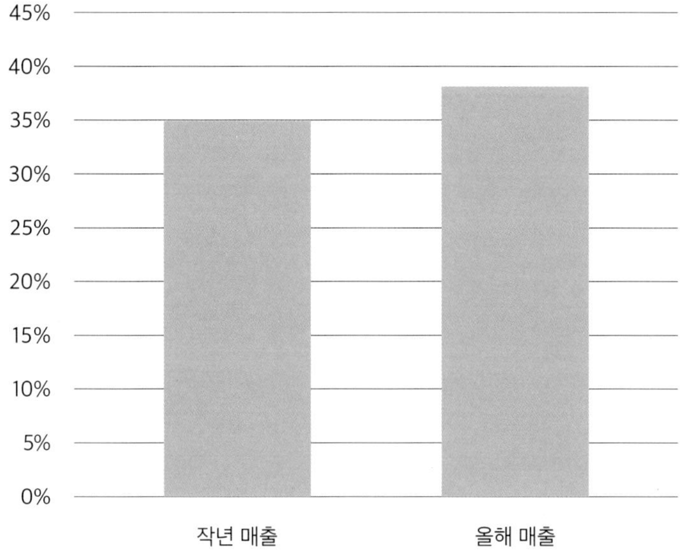


제시된 막대 차트는 작년 매출과 올해 매출을 단순 비교한 시각화 자료이다. 특별히 문제점이 보이지 않는다. 작년보다 올해 매출이 상승했다는 점을 파악할 수 있다. 그래도 굳이 문제점을 찾자면 매출의 상승 폭이 그렇게 커 보이지는 않는다는 점 정도이다. 실제로 소폭 상승했으니 별다를 도리가 없는 걸까? 이것이 막대 차트의 한계일까?

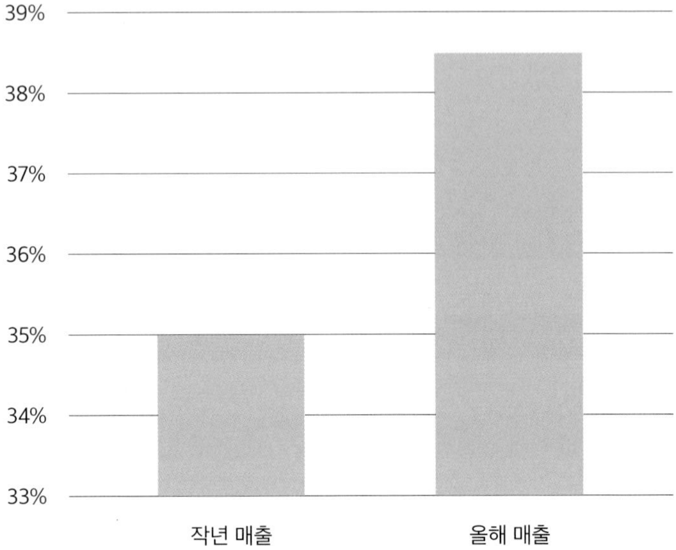


동일한 자료를 재구성한 막대 차트다. 앞서 제시된 막대 차트와 완전히 다른 시각화 효과를 보여준다. 작년 대비 올해 매출이 큰 폭으로 상승한 듯한 느낌이다. 여러분도 그 이유를 금방 알아차릴 수 있다. 그 차이는 바로 데이터가 표현될 범위의 차이다. 앞선 차트는 범위의 설정이 5% 단위였지만 두 번째 차트에서는 1%로 줄였다. 그리고 무엇보다 중요한 시작 지점의 차이도 보인다. 0부터 출발할 것인가 아니면 상승 폭의 근사치부터 출발할 것인가에서 오는 차이다.

이렇게 막대 차트는 시작 지점의 변경만으로도 동일한 데이터를 표현하는 데 차이를 보인다. 막대 차트를 읽는 기본은 막대의 끝부분을 비교하는 것이다. 이 점은 누구나 알고 있다. 따로 설명하지 않아도 대부분의 사람은 우선 막대의 끝부분부터 비교해 본다. 그래서 막대 차트 시작점 설정은 정확한 비교를 위해서뿐만 아니라 상대적인 변화의 크기를 체감하게 하기 위해서도 매우 중요하다.

**막대 차트에서 상대적 크기의 변화를 강조하기 위해선 시작점의 설정이 매우 중요하다.**

이러한 시작점의 변경을 보통 데이터 분석 과정에서 스케일을 조정한다고 표현한다. 그러면 막대 차트를 활용할 때 모든 데이터의 스케일을 조정하면 효과적일까? 꼭 그렇지만은 않다. 스케일 조정으로 인해 청중이 전달하고자 하는 내용을 왜곡해 인지할 수도 있기 때문이다. 또한 무조건 상대적 크기가 크다고 모두 좋은 것만은 아닐 때도 분명히 있다. 예시의 매출 상승 폭은 당연히 크면 클수록 효과적이겠지만 반대로 매출 감소, 원가 상승, 비용 지출 등의 손실을 반영한 시각화에서는 상대적 크기를 최대한 작게 표현하여 청중에게 최소한의 울림을 줄 때도 있어야 하기 때문이다. 그래서 무조건 스케일 조정하는 것만이 정답은 아닐 수 있다는 것을 기억해야 한다. 청중이 스케일 변경에 따라 전달된 데이터를 왜곡된 시선으로 바라보지 않도록 충분히 신뢰감을 잃지 않는 수준에서 조정하는 것도 꼭 기억하자.

**막대 차트에서 무조건적인 스케일 조정이 꼭 답은 아니다.**

앞서 막대 차트를 표현하기 위해 제시된 예시는 2개 연도의 매출이라는 단일 항목을 비교하기 위해 작성된 것이다. 그러나 모두 아는 것처럼 막대 차트는 단일 항목의 비교에서만 활용되는 것은 아니다. 2개 이상의 여러 항목을 비교할 때도 유용하게 활용된다.

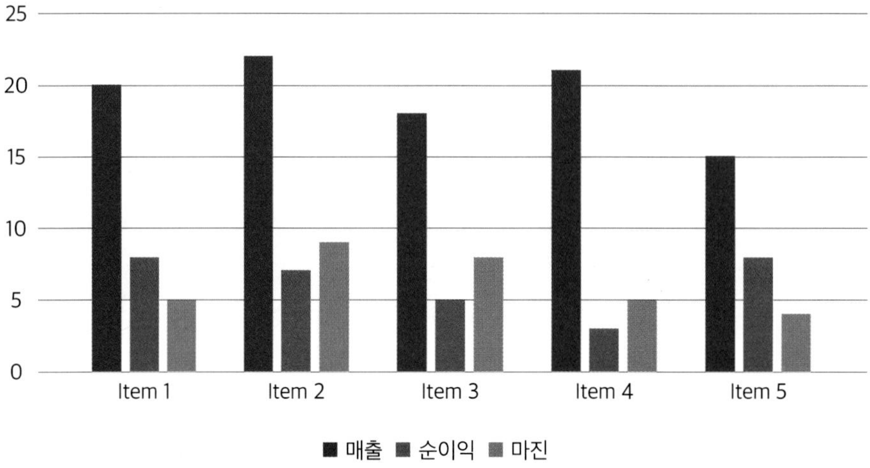


제시된 시각화 자료는 5개의 상품에 대해 매출, 순이익 그리고 마진이라는 다중 항목을 비교하는 막대 차트다. 결론부터 이야기하자면 비교 대상(여기서는 Item)에 다중의 항목을 각각 표현하는 막대 차트는 좋은 시각화 자료가 될 수 없다. 시선이 분산되며 무엇을 비교해야 할지 청중은 쉽게 인지하기 어렵기 때문이다. 각 대상 내에서 비교하는 것인지, 대상별로 항목을 비교하는 것인지 구분하기 어렵다는 것이다. 지금의 예시처럼 색상을 달리하여 표현한다고 할지라도 효과적인 막대 차트의 활용은 아니다. 그러면 다중의 항목에 대한 막대 차트의 효과적인 표현 방법은 무엇일까?

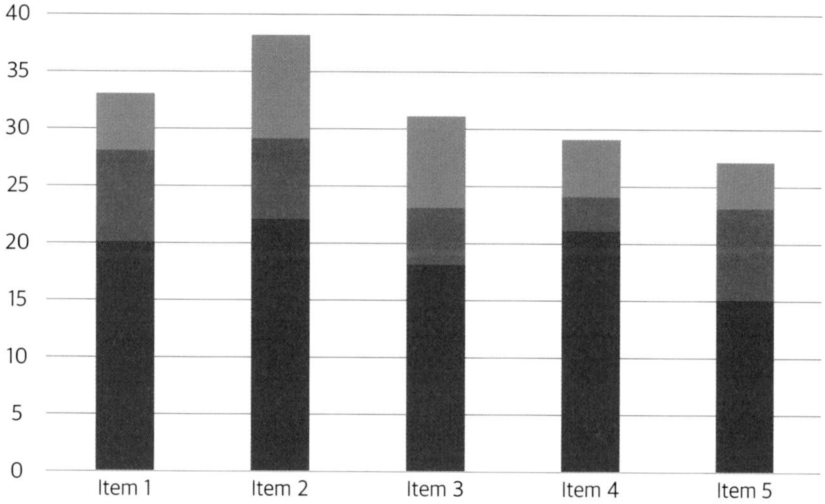


앞서 제시했던 막대 차트의 항목별 색상을 동일하게 사용하여 하나의 막대 차트로 표현하였다. 각 비교 대상에 여러 항목의 막대 차트를 각각 표현했던 것과 달리 각 막대별로 하나의 막대 차트를 활용하여 모든 항목을 표현했다. 누가 봐도 Item 2번이 긍정적인 제품이라는 걸 한눈에 확인할 수 있다.

## 다중 항목도 하나의 막대로 표현하자.

하지만 이런 질문이 가능하다. 하나의 대상에 모든 항목을 표현하는 건 좋은데 항목별 비교는 각각의 막대를 표현할 때와 별반 다르지 않다는 것이다. 특히나 지금처럼 매출, 순이익, 마진 등 그 항목이 동일한, 즉 예시의 경우는 수익 구조에 대한 비교인데 만약 항목이 상반되는, 예를 들어 매출과 생산원가 등 수익과 지출의 항목이면 무조건 막대가 가장 긴 것이 좋지 않은 경우도 있지 않을까, 하는 의구심이다. 요지는 각각의 항목 비교는 하나로 표현하나 여러 개로 표현하나 똑같다는 것이다.

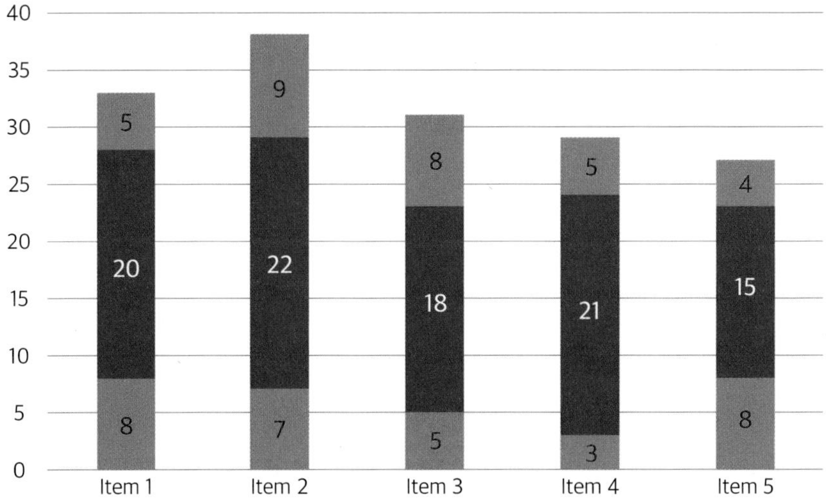

각 항목을 특정하여 보고 싶다면 해당 영역의 막대를 강조하면 된다. 지금처럼 색상의 변화를 줌으로써 시선을 해당 항목에 고정하도록 유도하는 것이다. 물론 단일 항목의 막대차트처럼 크기의 비교가 단숨에 진행되는 가시적 효과는 분명 떨어진다. 이를 보완하기 위해 각 항목에 수치를 직접 입력하여 값을 비교하도록 유도하는 방법도 효과적이다.

**다중의 항목의 경우 크기가 아니라 직관적인 수치의 비교를 유도하자.**

# 5 막대 차트의 응용법

앞서 확인한 것처럼 막대 차트는 특정 항목을 상대 비교할 때 효과적이다. 그리고 특정 항목의 시간에 따른 변화를 상대적으로 비교하여 시각화할 때도 종종 사용되곤 한다. 시간의 흐름에 따른 값의 변화를 표현할 때 효과적인 시각화 도구로 점과 선을 확인하였다. 점과 선의 경우 시간 변화에 따른 추이를 표현하기 위한 것이었다면 막대 차트는 시간의 변화에 따른 값의 변화를 상대 비교할 때 매우 효과적으로 사용된다.

연도별
고용 인원의 변화

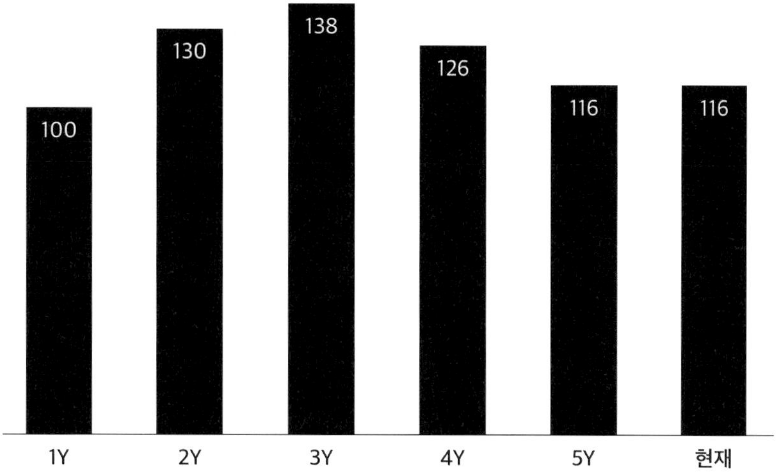


위 예시는 어느 회사의 고용 인원 변화를 연도별로 집계해 막대 차트로 표현한 시각화 자료이다. 분명한 것은 시간의 흐름에 따른 값의 변화, 즉 시계열 데이터를 시각화해 표현할 때 가장 많이 활용되며 효과적인 그래프는 추세선이지만 지금처럼 시구간이 길지 않고(물리적 시간이 아닌 자료에 표현되는 구간의 간격 등) 그 변화를 직접 비교하여 보여줄 때 막대 차트는 효과적이다. 특히나 지금처럼 짧은 구간의 증감을 직접 확인할 수 있어 매우 효과적이다. 여러분들도 최근 몇 년간 매출의 흐름과 같이 특정 항목의 비교 수치를 시각화할 때 많이 활용했을 것이다.

**시구간이 길지 않은 값의 변화를 상대 비교할 때도 막대 차트가 유리하다.**

한가지 추가적인 팁을 드리자면, 막대 차트를 활용한 시계열 값의 상대 비교는 일반적으로 짧은 구간 증감의 변화를 확인할 때 주로 사용된다는 점이다. 따라서 막대 차트를 활용해 표현할 때 시작 구간과 종료 구간의 막대만 온전하게 표현하고 중간 구간의 값은 요약된 증감의 수치만 표현하면 좀 더 세련된 시각화 자료를 만들 수 있게 된다.

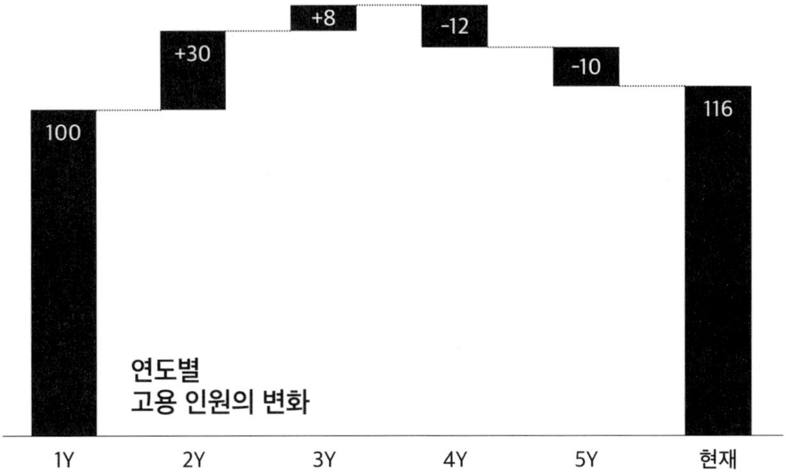


좌측이 시작 연도이며 우측으로 시간에 따라 증감이 표현되고 우측에 현재의 인원수를 보여준다. 이렇게 증감의 수치만을 표현해 주면 어느 시점에 증가하고 어느 시점에 감소가 많이 혹은 빠르고 급격하게 진행되는지를 한눈에 확인할 수 있다는 장점도 가진다. 중요한 점은 이처럼 막대를 이용해서도 충분히 시간의 흐름에 따른 값의 변화를 표현할 수 있다는 점이다.

막대 차트, 그러니까 지금까지 우리가 확인한 막대는 모두 세로(수직) 막대였다. 상하의 길이를 활용한 시각화 방법이다. 하지만 막대 차트는 세로 막대만 존재하는 것이 아니다. 좌우의 길이 변화를 통한 가로(수평) 막대도 존재한다. 우리가 흔히 막대 차트라 하면 일반적으로 세로 막대를 많이 활용하기 때문에 가로 막대의 사용에 대한 막연한 두려움(?)이 있을 수 있지만 사실 가로 막대가 세로 막대에 비해 가독성이 훨씬 뛰어나다. 보통 인간은 자료를 볼 때 위아래를 비교하는 것 보다 좌우를 비교하는데 더 익숙하기 때문이다. 청중의 시선은 주로 좌에서 우로 움직인다. 시선에 관한 이야기는 추후 다시 논하도록 하고 가로 막대의 활용에 대해서 잠시 살펴본다.

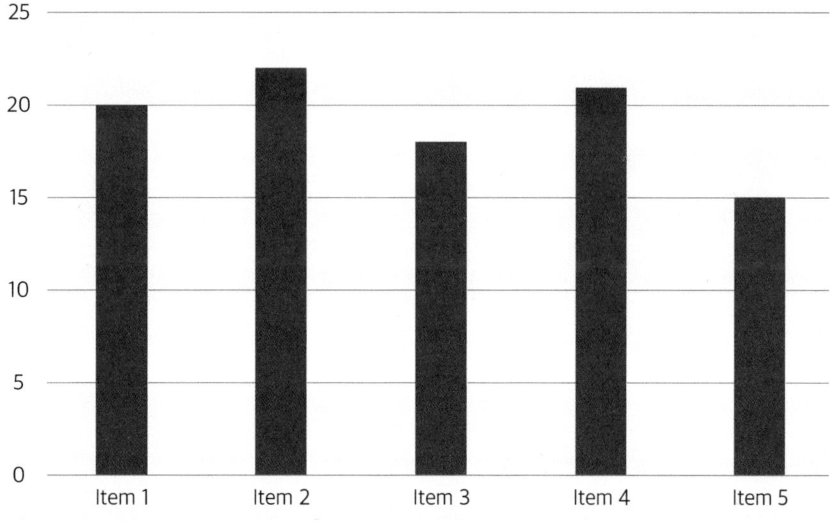

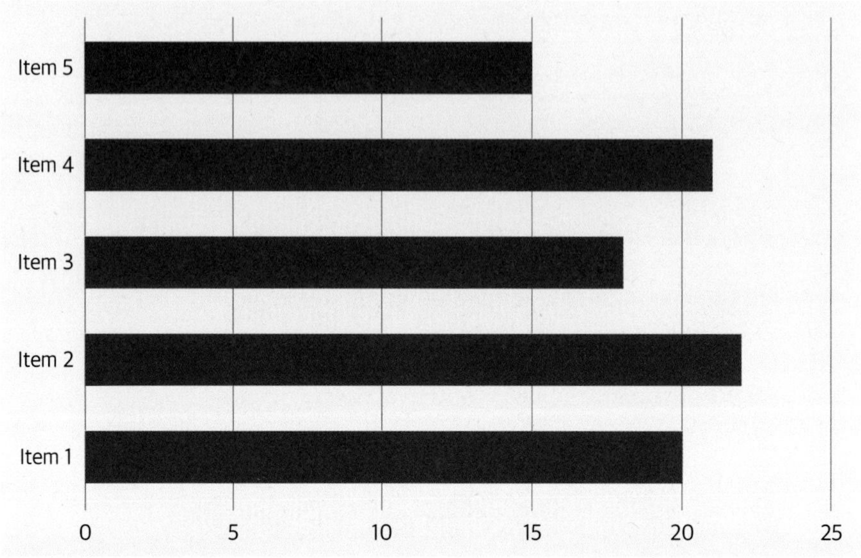


동일한 데이터를 세로와 가로 막대로 각각 시각화한 자료이다. 특별한 설명을 부연하지 않아도 가로 막대가 값을 비교하여 인지하는데 훨씬 정보의 전달력과 가독성이 높다는 걸 느낄 수 있다. 언급한 대로 가로 막대는 내용을 좌측에서 우측으로 표현하기 때문에 대부분의 청중이 읽고 이해하는데 매우 쉬운 구조를 갖는다. 정보를 전달하면서 데이터를 직관적으로 인식시킬 수 있다.

**가로(수평) 막대가 세로(수직) 막대보다 서로 값을 비교할 때는 정보 전달력이 더 뛰어나다.**

## 주요 제품의 매출 현황

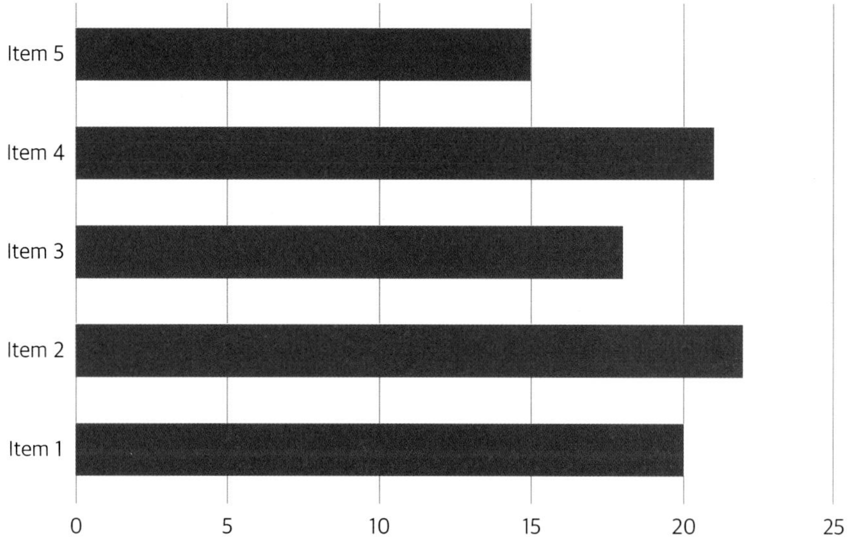


위처럼 해당 시각화 자료가 무엇인지 간략한 설명(주요 제품의 매출 현황)을 좌측 상단에 배치하고 곧바로 가로 막대를 구성하면 청중의 시선이 자연스럽게 이동하며 강한 신뢰감과 시각적 효과를 높일 수 있다. 가로 막대의 장점을 잘 살린 것이다. 재차 강조하지만, 발표 자료를 구성할 때 시선의 흐름은 무엇보다 중요한 요소임을 늘 염두에 두어야 한다. 시각화 자료를 설계하고 구성하는 담당자가 특별하게 청중의 시선을 유도하기 위한 장치를 자료에 포함하지 않았다면, 일반적으로 청중은 상단 좌측에서 시작해 Z모양으로 지그재그 움직이면서 발표 자료를 살펴본다는 점을 꼭 기억해 두길 바란다.

앞서 세로 막대도 그렇듯 가로 막대 차트 역시 다양한 항목을 다중으로 비교하여 표현하는데 손색이 없다. 이 역시도 가로 막대가 가지는 장점(좌에서 우로 가독성을 높인 구조) 덕에 오히려 세로 막대보다 다중 항목 비교에 유리하다.

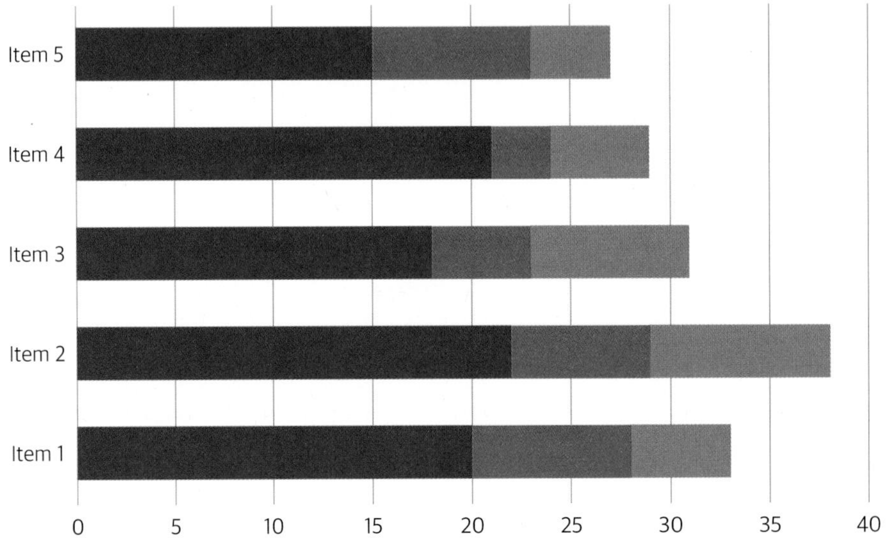


여기서 우리는 가로 막대의 또 다른 장점을 발견할 수 있다. 그것은 바로 안정감이다. 인간은 세로로 길게 뻗는 구조보다 좌우로 길게 넓혀진 구조에서 더 안정감을 느낀다. 그래서 다중의 항목이 비율로 표현되고, 그 합이 언제나 100%를 가질 때 가로 막대 차트는 세로 막대보다 더 유리한 구조가 된다.

# 주요 제품의
# 영업팀별 매출 비중

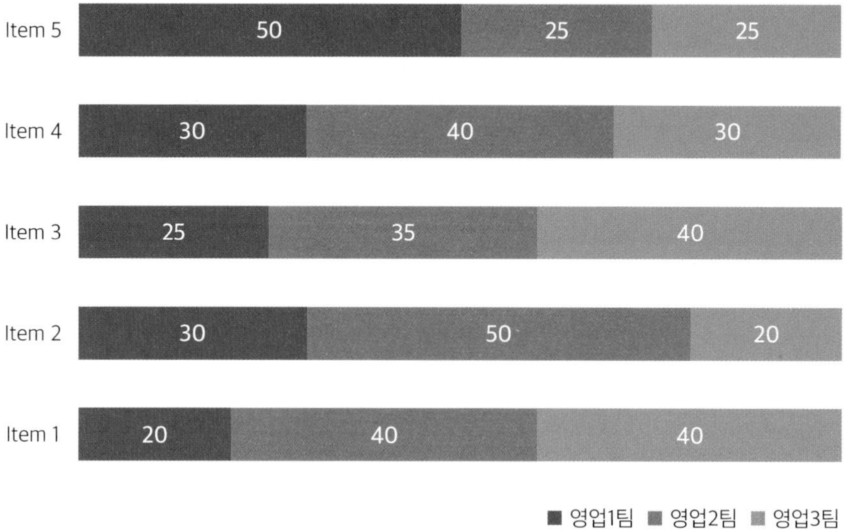


따라서 세로 막대는 상하의 높고, 낮음을 분명히 하여 다중 항목을 빠르게 비교하고 우열을 가리는 용도로 활용하고, 가로 막대는 다중 항목에 대한 비율을 안정감 있게 전달하여 비교 검증을 유도할 때 활용하면 좋다.

**가로(수평) 막대는 균형감 있게 데이터를 전달할 때 유리하다.**

예시로 유연 근무제에 대한 각 부서별 만족도 조사 결과를 시각화한다고 가정해 보자.

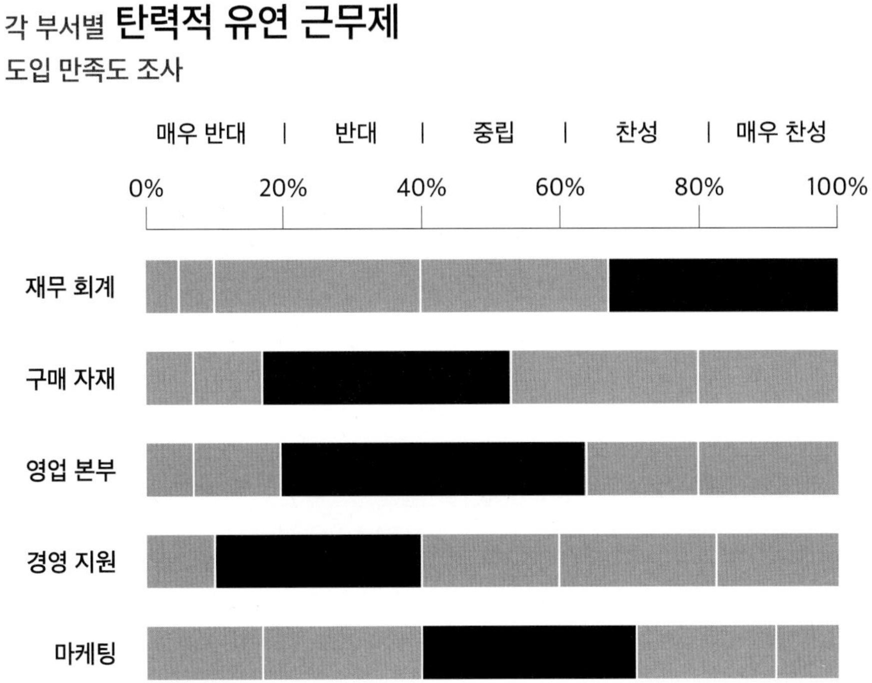


비교 대상이 되는 부서별로 비율 항목(매우 반대부터 매우 찬성까지) 5가지의 조사 결과를 가로 막대를 활용하여 표현한 시각화 그래프이다. 해당 시각화 자료의 핵심은 전체 비율이 정확히 100%가 된다는 점이다. 또 한 가지는 부서별로 가장 높은 비율이 나온 결과의 색을 다른 결과들과 차별화했다는 점이다. 타이틀 역시 무엇에 대한 조사인지 명확히 제시했다.

# 6 파이 차트는 불친절하다

단순한 숫자로의 표현, 점과 선, 그리고 막대까지, 모두 우리가 일상에서, 업무에서 가장 빈번히 활용하는 그리고 활용해야만 하는 시각화 자료이다. 어쩌면 앞에서 설명한 4가지만 완벽히 활용할 줄 알아도 충분히 훌륭한 시각화 자료를 구성할 수 있다. 다시 말하면 4가지 시각화 자료가 핵심 재료이며 충분한 설득력을 통해 발표 당사자는 물론 청중도 만족스러운 결과를 얻는다는 이야기다. 그렇다고 앞서 4가지 시각화 자료를 제외한 다른 유형의 재료가 존재하지 않는 건 아니다.

시각화 자료를 효과적으로 선택하는 방법에 대해 다시 한번 고민해 보자. 정답은 간단하다. 시각화 자료를 선택할 때 첫 번째도, 두 번째도 최우선으로 초점을 맞추어야 하는 것은 발표 시 전달될 메시지가 얼마나 정확하게 청중에게 전달될 수 있는가에 관한 것이다. 그런데 곰곰이 생각해 보면 발표 자료를 구성하는 과정과 시간은 그렇게 넉넉하게 주어지지 않는다. 내가 경험한 바로는 언제나 그랬다. 그러니 현실적으로 효과적인 시각화 자료를 고민할 여유조차 많지 않다. 이러한 이유로 앞서 제시된 4개의 시각화 자료를 선택하고 사용하는 것이 가장 현명한 방법이다. 특히나 자주 사용하지 않아 익숙하지 않은 시각화 자료를 선택하고 여기에 맞추어 설계를 고민할 바에는 자주 사용했고 구성이 쉬운 시각화 자료를 선택하는 게 최선이다.

**숫자, 점과 선 그리고 막대 차트가 최선의 시각화 자료이다.**

기본이 된 4가지 재료 외 다른 시각화 자료는 어떨까? 제시한 4가지 외 가장 많이 활용되는 시각화 자료라면 아마도 파이 차트가 아닐까, 생각한다. 4가지 주 자료만큼이나 일상과 업무에서 꽤 많이 활용되는 시각화 자료이다.

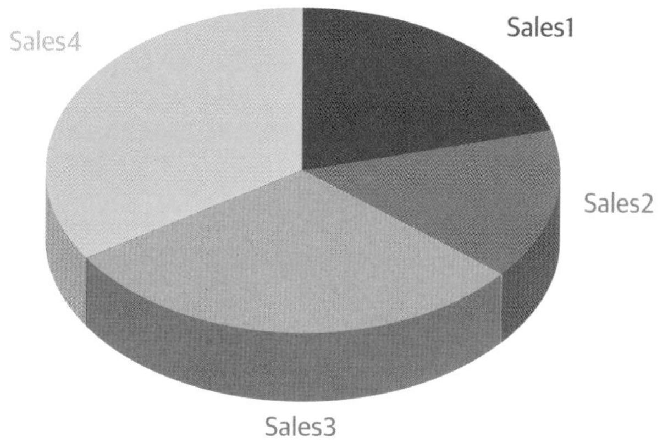


위 예시는 영업팀 별 매출 실적을 시각화하여 표현한 파이 차트다. 그래프 자체만으로 큰 문제는 없어 보인다. 여러분이 보기에 어느 영업팀이 가장 뛰어나 보이는가? 당연히 영업 3팀(Sales 3)이 가장 우수한 매출 성과를 올린 것으로 보인다. 하지만 실제 파이 차트에 활용된 데이터를 기재하여 표현하면 얘기가 조금 달라진다.

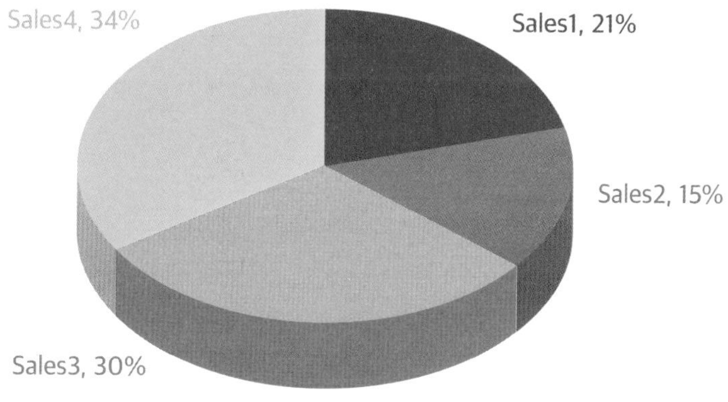

단순히 파이 차트만 놓고 봤을 때는 분명 영업 3팀의 성과가 가장 우수해 보였다. 그러나 실제 데이터를 입력해 보면 영업 4팀(Sales 4)의 성과가 더 높았음을 확인할 수 있다. 너무 뻔한 이야기지만 이러한 오류가 발생한 원인은 원근법에서 오는 착시 때문이다. 파이 차트의 위쪽 부분을 상대적으로 멀어지게 표현했기 때문에 위쪽 결과는 실제보다 작게 보이는 문제를 초래한 것이다. 반대로 가까운 아래쪽 부분은 상대적으로 크게 보이는 것이다. 데이터 분석가들 사이에서 자주 하는 이야기가 있다. 나는 거짓말을 해도 데이터는 거짓말을 하지 못한다. 예시와 같은 시각화 자료는 전달하고자 하는 데이터의 값을 왜곡시켜 청중에게 정확히 전달되지 않을 뿐 아니라 경우에 따라 좋지 않은 문제를 불러올 수도 있다.

**파이 차트를 사용한다면 원을 기울이지 말자.**

이런 문제를 해결하기 위해 원을 돌려서 강조하고자 하는 부분을 아래쪽에 위치하도록 하는 방법도 있다. 그러나 파이 차트를 진정한 시각화 자료로 활용하는 방법은 먼저, 원을 기울여 표현하지 않는 것이다. 하지만 원을 기울이지 않는다고 해도 파이 차트는 문제점을 갖는다. 원근감, 입체감 이런 부분이 문제일 수 있으니, 앞서 예시를 있는 그대로의 원으로 표현하여 시각화를 해보았다.

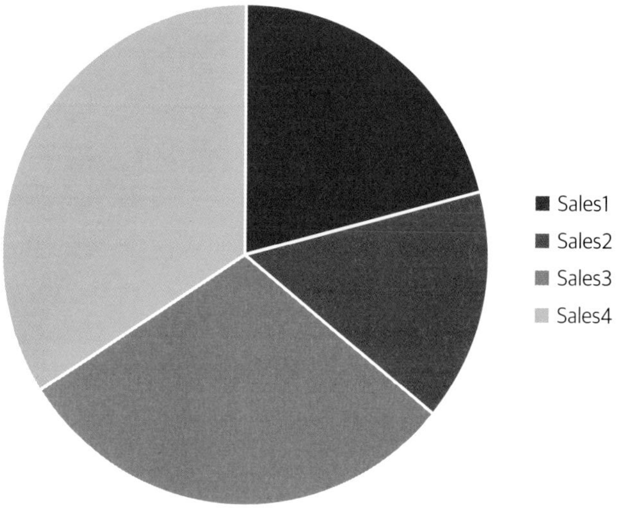


원을 기울이지도, 입체적으로 표현하지도 않았다. 동그란 원을 그리고 데이터값에 따라 분할해 표현했지만, 더욱이 색상도 다르게 표현했지만, 해당 수치가 작성되지 않으니 여전히 영업 3, 4팀의 크기 차이가 정확히 해석되지 않는다. 역시나 가독성이 매우 떨어진다. 지금처럼 대상 간의 수치의 차이가 크지 않을 때는 더욱 그렇다. 결과적으로 파이 차트는 좋은 시각화 재료가 될 수 없다. 지금처럼 항목별 수치가 비슷하게 분포하면 상대적인 크기를 구분해 내기가 쉽지 않다. 이러한 현상은 공간인지에 대한 오류에서 기인한다. 우리가 보는 화면은 평면의 2차원 구조에 가장 적합한 형태인데 이 공간에 다양한 값을 분할하여 배치하면 쉽게 분별해 내기 어렵다는 점이다.

파이 차트와 유사한 유형의 도넛 차트도 있다. 파이 차트가 원의 면적을 비교하는 것이라면 도넛 차트는 원의 길이를 비교하여 이해하는 차트이다. 면적의 비교냐 아니면 길이의 비교냐의 차이일 뿐 가독성은 도긴개긴이다.

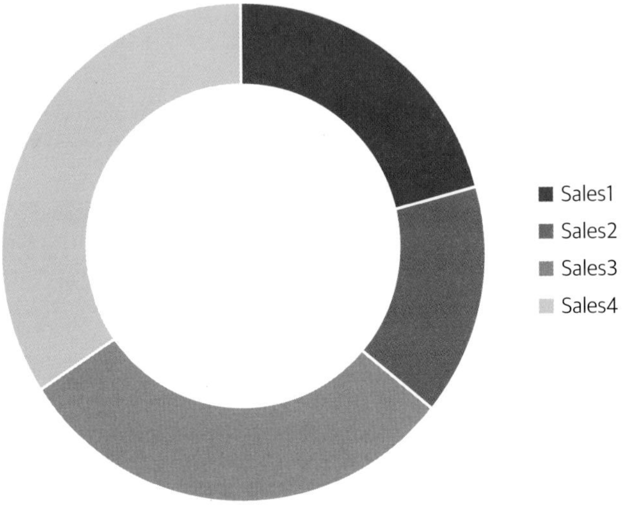


정리하자면 원을 이용한 시각화 자료(파이 차트나 도넛 차트 같은)는 시각화 자료를 구성할 때 최우선 선택의 대상이 되기에는 부족하다. 비교 항목의 크기가 현격히 차이가 난다고 할지라도 면적과 길이를 빠르게 읽고 판단하기는 쉽지 않다.

**파이 차트와 도넛 차트 같은 영역 차트는 시각적으로 뛰어날지 모르지만, 전달력과 가독성은 매우 떨어진다.**

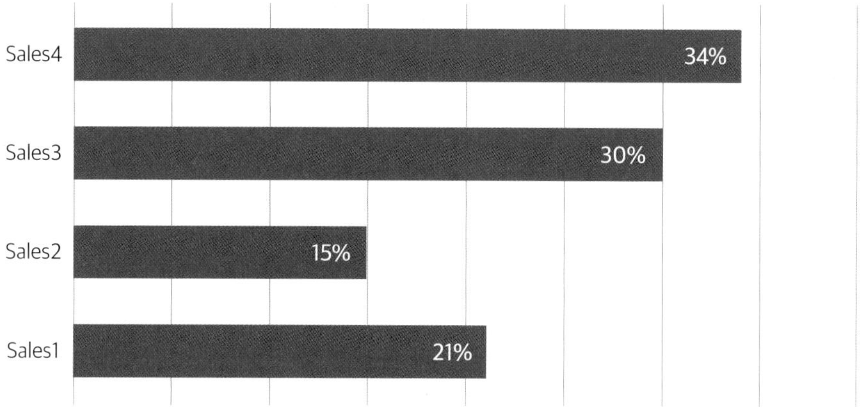


다시 한번 막대 차트가 가지는 힘을 느껴보자. 동일한 데이터를 가로 막대로 표현해 보면 파이 차트의 불친절함을 더욱 느낄 수 있다. 따라서 파이 차트의 활용은 고심에 고심을 거듭해야 한다. 그래도 꼭 사용해야 하는 상황이라면 분할된 항목별로 해당 데이터값을 꼭 함께 기입해 주어야 한다. 다시 강조하지만, 파이 차트의 사용은 되도록 피한다. 파이 차트는 전달력과 가독성 모두 최악의 재료이다. 지금 보는 것처럼 파이 차트는 막대 차트로 충분히 대체할 수 있다. 막대 차트로 표현하면 상대적 비교가 훨씬 유리하다. 그리고 데이터의 결과를 평가하기도 수월하다.

**파이 차트로 표현하는 대신 막대 차트를 활용해 보자.**

서두에 언급한 것처럼 데이터 시각화의 최우선 순위는 전달될 메시지가 얼마나 정확하게 청중에게 전달될 수 있는지를 고민하는 것이다. 파이 차트는 시각적으로 다른 시각화 재료에 비해 뛰어날 수 있을지 모르지만, 사실 그렇게 뛰어나지도 않다. 정보의 전달 측면에서 좋은 선택이 아님을 꼭 기억하도록 하자. 아무리 시각화 자료일지라도 이해가 어려우면 무용지물이다. 시각화에 있어 막대 차트가, 우리가 흔히 말하는 perfect한 솔루션은 아니지만 1st 해결책인 것은 맞다. 파이 차트는 업무에서 자주 활용되는 재료이다. 이제부터는 사용 전에 한 번 더 생각해 보도록 하자. 왜 지금, 이 순간에 파이 차트가 필요할까?

**여러분은 파이 차트를 무심코 사용하지만, 청중은 그 의미를 무심히 지나친다.**

# 7 시각화, 이것만은 피하자

데이터 시각화라고 하니 으레 화려함을 강조하는 분들이 있다. 이 책을 읽으며 근사한 무엇인가를 생각한 분들이라면 조금은 실망할 수 있다. 옛말에 이왕이면 다홍치마라는 말이 있다. 비슷한 의미로 보기 좋은 떡이 먹기도 좋다는 속담도 있다. 시각화 자료를 만들 때도 동일하게 적용되는 이야기일까? 이번에는 시각화 자료의 화려함에 대해 짧게 살펴보자.

숫자, 점과 선 그리고 막대의 기본적인 재료만을 사용한다면 시각화 구성에서 별다른 문제가 없는 것일까? 모든 일은 기본기가 중요하다는 말을 종종 사용한다. 기본에 충실해야 응용도 가능해지기 때문이다. 문단 시작에서 했던 질문에 대한 답을 이 기본기에서 찾아보

자. 숫자, 점과 선 그리고 막대와 같이 기본이 되는 4가지 재료의 활용이니, 기본에 충실한 것은 맞다. 하지만 이는 재료 선택의 기본기이지, 시각화 표현의 기본기와는 다른 것이다. 다시 말하면 기본을 사용하는 과정 혹은 표현에서도 기본기를 유지해야 한다는 점이다.

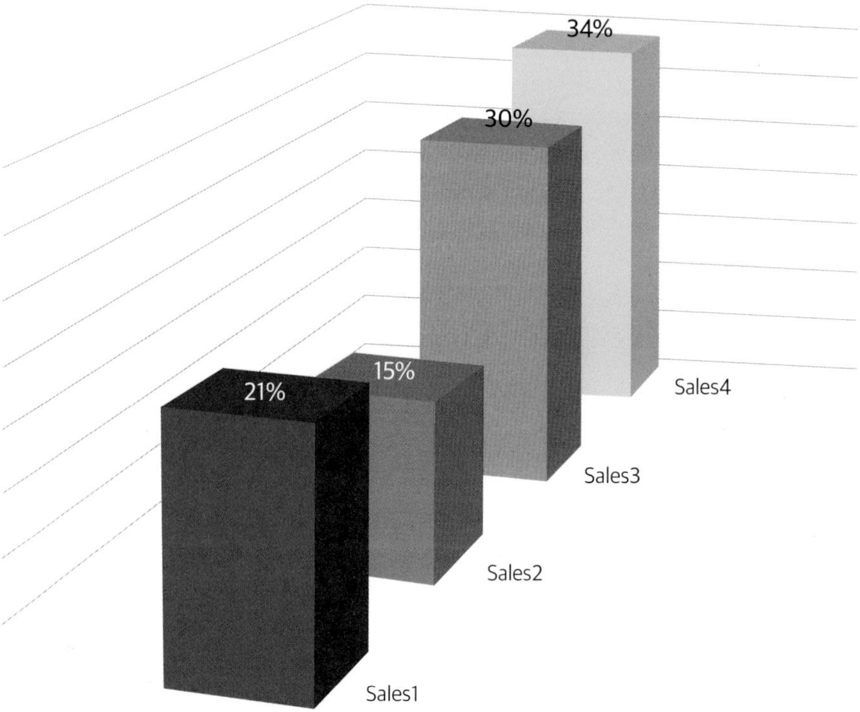

파이 차트에서 활용했던 데이터를 기준으로 막대 차트를 입체적으로 생동감 있게 표현하였다. 일명 3D 시각화를 구현해 본 것이다. 보는 관점에 따라 또는 느끼는 감정에 따라 시각적 효과는 상이할 것이다. 그러나 분명한 것은 가장 중요한, 의미를 전달한다는 측면에서 보면 별다른 장점을 찾기가 힘들다는 점이다. 구태여 3D 막대 차트를 사용해야만 데이터 시각화의 임무가 완수되는 것일까? 재차 말씀드리면 청중이 보는 화면은 2차원의 평면이다. 우리의 눈이 2차원에 익숙한데 이것을 억지로 3차원으로 변경하면 혼란만 가중될 뿐이다. 오히려 시선이 분산되어 의미를 이해하는데 어려움을 야기할 수도 있다. 아주 강하게 표현하자면 파이 차트보다 더욱 불량한 시각화 재료가 바로 3D 차트이다. 더 길게 이야기할 필요성도 없다. 앞으로 발표 자료에서, 그리고 데이터 시각화에서 우리는 3D를 사용하지 않기로 하자. 3D는 전문 그래픽 디자이너에게 맡기자.

**가장 불량한 시각화 자료는 바로 3D이다.**

화려함을 쫓기 위해 자주 하는 실수 중에 또 다른 하나는 바로 하나의 자료에 2개 이상의 재료를 혼합하여 구성하는 경우다.

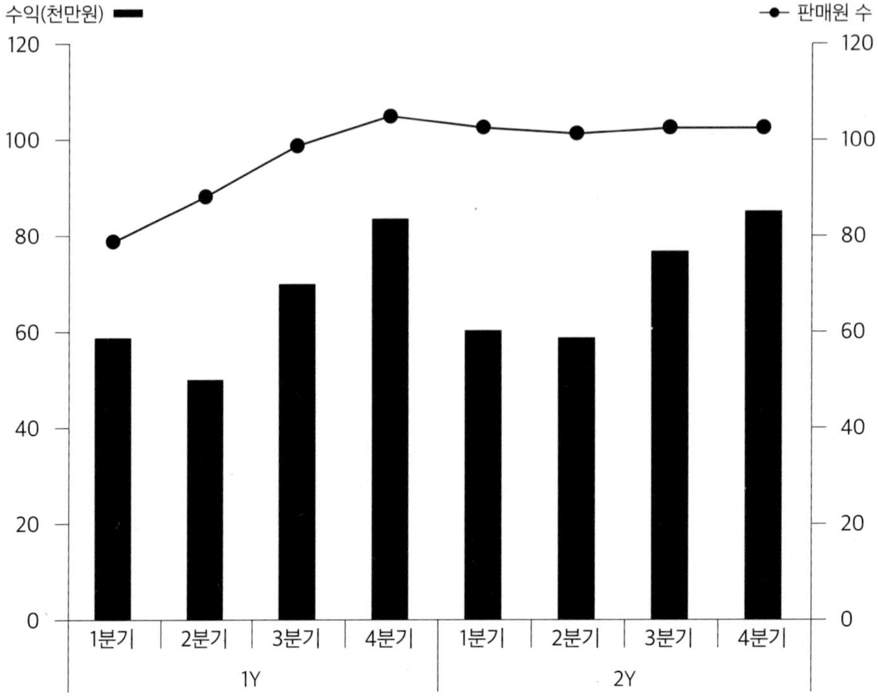


어느 대형 유통 매장의 판매 금액과 판매원의 수를 혼합하여 표현한 시각화 그래프이다. 막대 차트를 활용해 판매 금액을 시각화하고 점과 선을 사용하여 판매원 수를 표현하였다. 외형상으로 보기에 깔끔한 구성으로 데이터 시각화가 잘 구현된 것 같지만 청중의 처지에서는 혼란스러운 자료이다. 시각화 자료의 완성도나 그 효과를 떠나 청중은 해당 자료에서 무엇을 먼저 살피고 이해해야 하는지 알기가 쉽지 않다. 시선을 위, 아래로 옮기며 자료를 동시에 해석하기는 더욱 힘들다. 대부분 발표 시간은 한정적이다. 해당 자료를 충분히 인지하고 이해하는데 청중은 다른 시각화 자료보다 더 많은 노력과 시간을 투자해야만 한다.

**되도록 두 개 이상의 결과를 하나의 시각화 자료로 구성하지 말자.**

그런데 판매원 수의 변화와 판매 금액의 변화를 동시에 전달해야 하는, 부득이하게 동시에 표현해야만 하는 경우라면 어떻게 처리해야 하는 것일까? 이런 경우에는 시각화 자료를 최대한 간소하게 표현한다. 자료를 이해하는 데 반드시 필요한 정보가 아니라면 과감하게 제거하고 시선이 분산될 만한 요소들은 최대한 간소화하도록 구성한다.

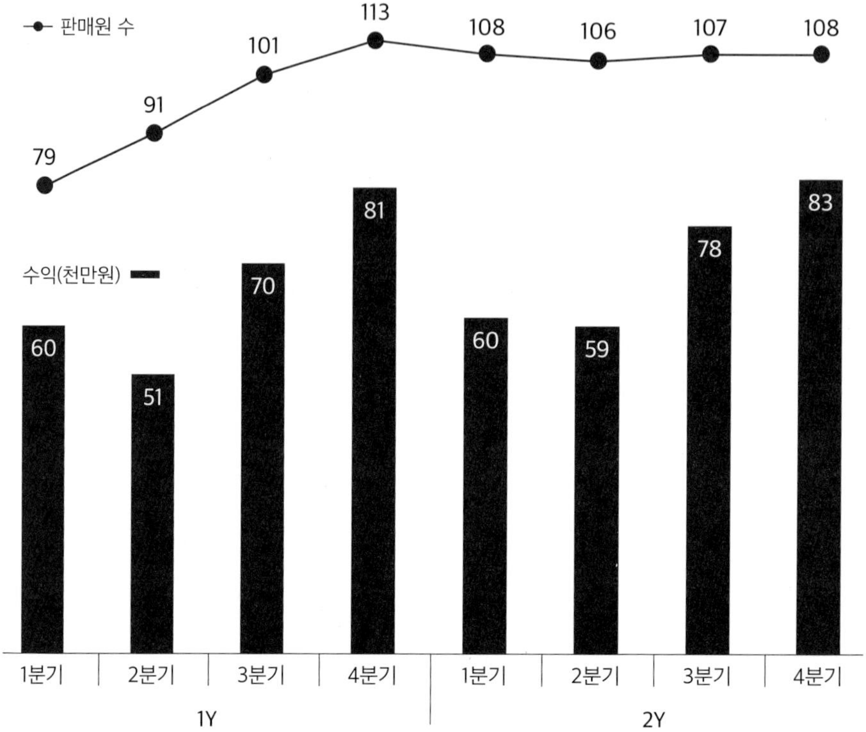


Y축을 과감히 제거하여 청중의 시선이 좌우로 분산되는 상황이 발생하지 않도록 하였다. 좌우, 상하를 모두 고려해야 했던 청중은 이제 좌우는 버리고 상하로 시선을 옮기며 자료를 해석하고 이해하면 된다. 그나마 조금의 수고를 덜어준 셈이다. Y축이 사라지며 발생한 실제 값은 해당 차트에 직접 표기하여 전달해 준다. 하나의 데이터 결과를 시각화한 자료보다는 못하지만 먼저 판매원 수를 인지하고 판매 금액을 확인하는 방향으로 시선이 이동할 것이다.

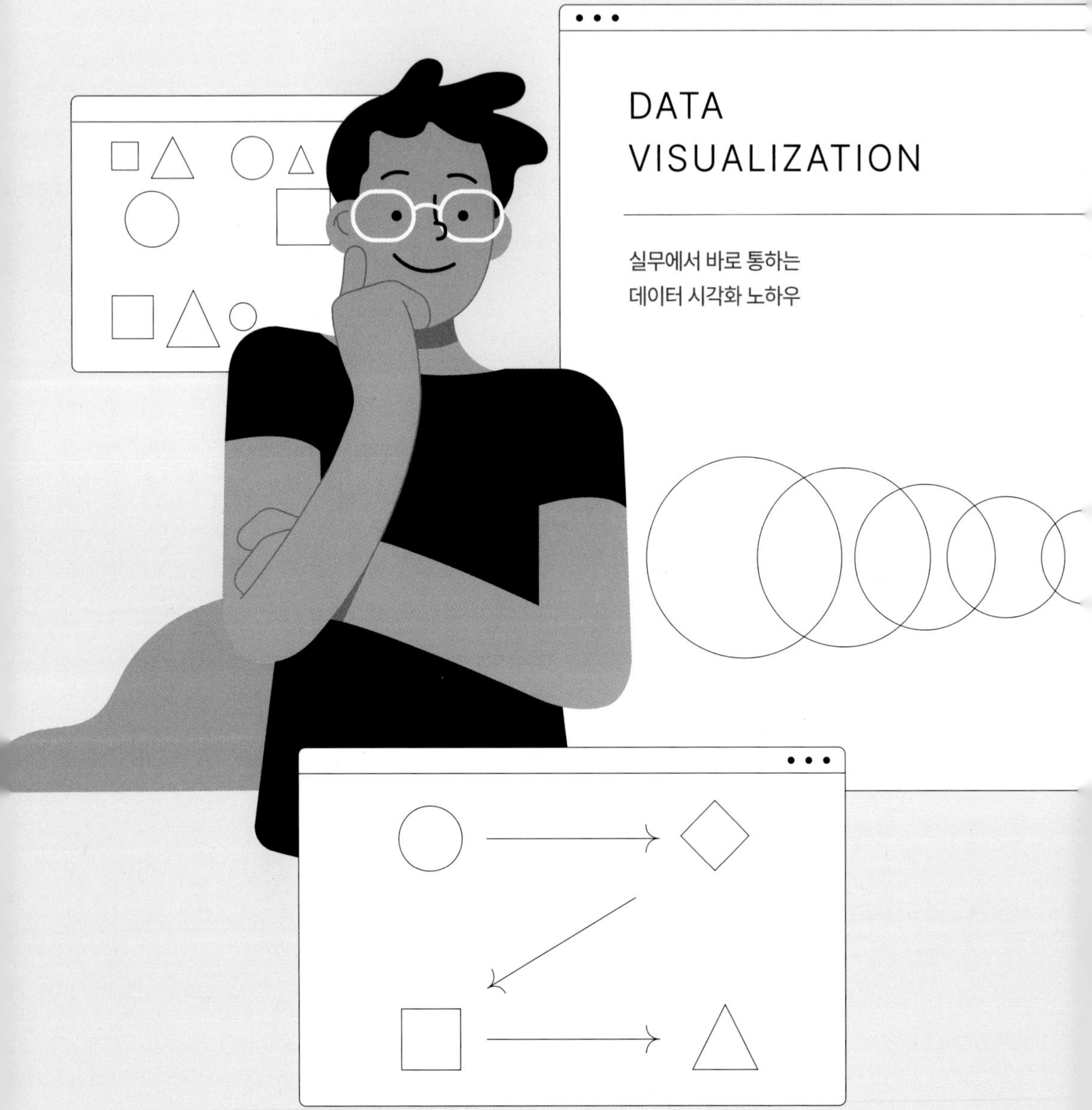
DATA
VISUALIZATION
실무에서 바로 통하는
데이터 시각화 노하우

# #03
# 시각화 자료를 효과적으로 구성하는 방법 1

① 청중에게 부담을 주지마라

② 모으고, 묶고, 나누자

③ 텍스트 정렬법과 전략적 여백 활용법

④ 명확한 대비로 시선을 유도하라

⑤ 크기, 색상, 블록으로 신호를 보내라

⑥ 일관된 색상을 사용하라

# 1 청중에게 부담을 주지마라

앞서 우리는 어떤 재료를 활용하여 데이터 시각화를 진행해야 효과적인지 살펴보았다. 이번에는 시각화 재료를 어떻게 구성해야 효과적인지 살펴보기로 하자.

본격적인 이야기에 앞서 발표자가 청중에게 가져야 할 최소한의 자세에 관해 생각해 보자. 데이터 분석을 떠나 어떤 분야이든 대다수의 발표자는 이왕 자리가 준비됐으니 많은 이야기를 전달하고 싶어 할 것이다. 많은 이야기를 전달하고 싶은 마음은 충분히 이해할 수 있다. 하지만 과욕을 부리면, 그 과욕이 발표 자료에 그대로 녹아들게 마련이다. 필요 이상으로 많은 내용이 무분별하게 담기는 상황이 발생하기 십상이다. 필자 역시도 간혹, 분석 과정이 고달플수록 많은 내용을 자료에 넣고 싶은 충동을 느낀다. 하지만, 우리가 잊지 말아야 할 것은 많은 내용이 아니라 모두가 공감할 수 있는 자료를 만들어야 한다는 점이다.

빼곡한 글씨로 가득 차 있거나, 일관성과 연속성이 없이 산만하게 구성된 발표 자료를 누구나 한번은 보았을 것이다. 이것은 비단 자료에 한정된 이야기만이 아니다. 발표자의 설명도 마찬가지다. 복잡하고 산만한 설명, 숨 쉴 틈도 주지 않고 급하게 진행하는 모습, 어쩌면 매우 흔한 광경일 수 있다. 관심이 아주 많은 주제여서 큰맘 먹고 참석했다가 실망한 때도 있을 것이다. 발표 자료 구성은 물론 발표자의 설명에서도 내용의 의미가 제대로 파악되지 않아 실망했던 순간들 말이다.

청중은 대부분 전달하는 내용을 정확히 이해하고 해석하기 위해 노력한다. 그렇기에 발표자는 청중이 쉽고 빠르게 이해할 수 있도록 최대한 배려하며 자료를 준비해야 한다. 지금의 이 발표가 무엇을 위한 것인지, 가장 관심이 높은 사람은 누구일지, 이 발표를 통해 가장 많은 영향을 받을 사람과 부서는 누구이고 어디일지 고민해야 한다. 발표의 목적과 대상과 영향력에 대한 고민이 부족하면 자료가 산만해지고 설명이 길어지기 십상이다. 모두가 공감할 수 있는 발표는 청중이 자료를 이해하기 위한 부담감을 최소화하는 것에서 출발한다. 청중의 부담감이 줄어들수록 공감대와 만족도는 비례하여 상승한다. 아무리 완벽한 시각화 자료를 완성해도 발표 자료가 산만하면 의미가 없어진다.

**발표 자료를 준비하기 전에**
**이 발표의 목적과 대상, 영향력에 대해 먼저 충분히 고민하자.**
**그래야 청중이 공감하고 만족하는 자료를 만들 수 있다.**

발표 자료를 구성하는 일은 무엇보다 중요하다. 시각화를 잘 표현하는 것보다 오히려 더 중요할 수 있다. 좋은 요리는 신선한 재료와 그 재료를 훌륭하게 조리할 수 있는 셰프의 능력에서 나온다. 목적, 대상 그리고 영향력에 관해 사전에 충분히 고민하고, 이제 재료(숫자, 점과 선 그리고 막대)를 적절하게 배합하고 조리하여 최적의 구성을 끌어내 보도록 하자.

# 2 모으고, 묶고, 나누자

데이터를 활용하는 방법은 넓게 보면 검증 과정과 학습 과정으로 나누어 볼 수 있다. 검증은 말 그대로 어떤 현상을 증명해 나가는 과정으로 전통적인 통계에 기인한다. 학습은 최근 AI와 연결되어 어떤 사물에 특별한 명령을 하달하지 않아도 데이터가 스스로 판단하여 움직이도록 하는 알고리즘을 말한다. 데이터와 관련한 여러 분야 중 가장 핫(hot)한 분야는 머신러닝(machine learning)과 딥러닝(deep learning)으로 대변되는 학습 알고리즘이다. 비약적으로 발전하는 데이터 학습 과정에도 다양한 방법이 존재하는데, 그중에 비지도 학습(unsupervised learning)이라는 방법이 있다. 대표적으로 군집(clustering) 분석 기법들이 여기에 속한다. 데이터가 가지는 특징, 흔히 속성(attribute)을 판단하여 유사한 속성끼리 묶어주는 학습 알고리즘을 말한다.

갑자기 데이터 시각화 이야기를 하다가 데이터 분석에 대해 언급해서 당황했는지 모르겠다. 발표 자료를 구성하는 방법에서도 유사한 속성끼리 묶음 지어 구성하면 효과적이라고 설명하기 위해서 잠깐 언급하였다.

데이터 분석에서 유사한 속성을 찾는 방법은 다양하게 존재하지만 주로 거리, 교집합, 동시 출현빈도, 상관 계수 등이 활용된다. 그렇다면 데이터 시각화에서 유사한 속성은 무엇을 활용하면 좋을까? 이 역시도 다양한 방법이 존재하겠지만, 대표적으로 모양, 크기, 색상을 꼽을 수 있다. 물론 이것만 있는 것은 아니다. 하지만 시각화라는 관점에서, 자료에 표현되는 주재료를 생각할 때 위에 언급한 세 가지가 핵심적이라 할 수는 있다.

제시된 도형을 여러분이 발표 자료에 구성할 시각화 재료라 가정해 보자. 해당 재료를 주어진 그대로 반영해 자료를 완성하기보다는 모양, 크기 그리고 색상 중 하나의 기준으로 나누어 묶어 놓으면 가독성이 당연히 높아진다.

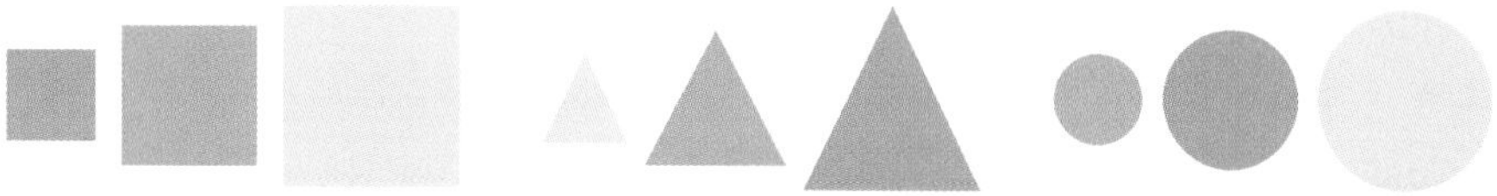

재료가 가진 모양을 비교하여 동일한 유형의 도형을 묶어 구성하였다. 앞서 복잡하게 섞여 있던 모습과 분명 다르게 보인다. 색상을 기준으로 구성해도 역시 가독성이 높아진다. 크기를 기준으로 구성해도 무방하다.

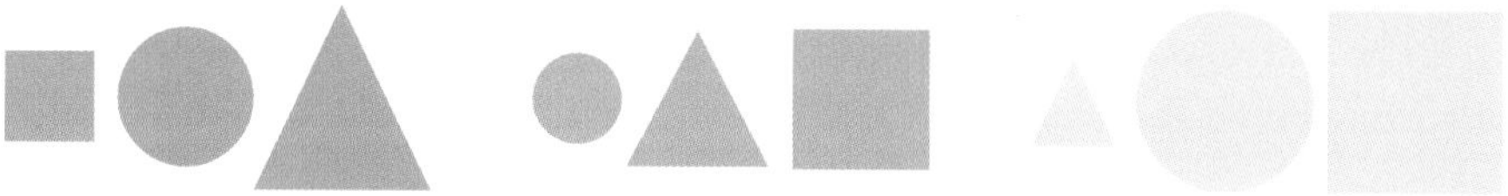

그런데, 단순히 모으고, 묶고, 나누는 작업만으로 시각화 자료의 가독성이 완벽히 높아졌다고 볼 수 있을까? 있는 그대로 표현한 것보다 재료의 속성을 파악하여 유사한 것끼리 묶음 지어 놓으면 분명히 효과적이긴 하다. 하지만 실무에서는 예시처럼 단순히 나열하듯 재료를 구성하지는 않을 것이다. 이는 시각화 자료가 구성될 공간이 단순히 가로, 세로의 직선으로 표현되지 않는다는 점을 의미한다. 모으고, 묶고, 나누는 것이 중요하지만, 여기에 더해서 어느 공간에 배치할 것인지도 중요한 사항으로 고민해야 한다.

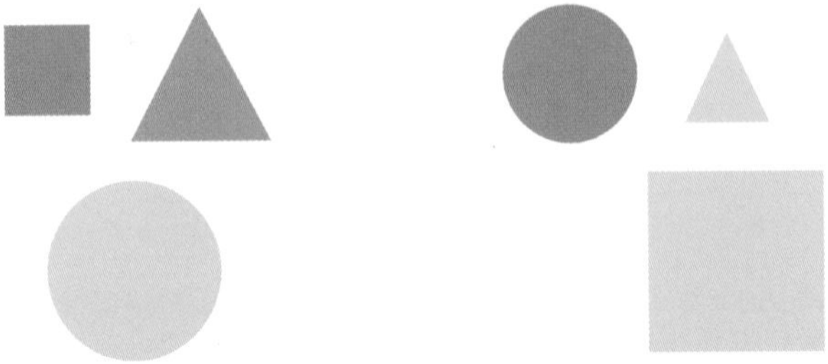

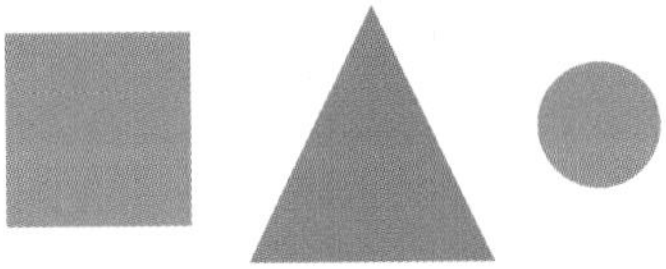

재료가 가진 유사한 속성은 배제하고 모으고, 묶고, 나누었는데, 이번엔 배치를 달리하였다. 시선이 머무는 위치가 더욱 정확해졌다. 인접한 사물을 하나의 그룹으로 인식하는 시각적 원리를 적극 활용한 것이다. 이는 시각화 구성에서 배치의 중요성을 여실히 증명해 준다. 이 상태에서 유사한 속성의 효과를 접목하면 단순히 유사한 속성으로 묶을 때보다 더욱 효과적인 구성이 되는 것이다.

**시각화 자료에서 청중은 인접한 사물을 하나의 그룹으로 인지한다.**

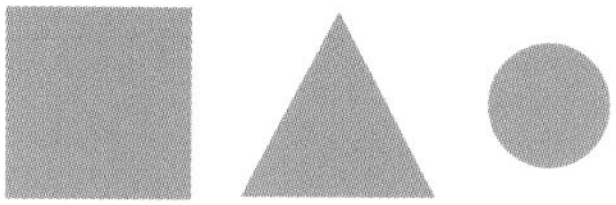

너무 기본적인 이야기인지 모르겠다. 그래도 기본이 가장 중요한 법이다. 여기서 한 가지 더 생각할 부분이 있다. 과연 시각화 자료를 구성할 때 위와 같이 동일한 모양과 크기 그리고 색상이 콕 집어 등장하는 경우가 얼마나 될까? 아마도 특별하게 선택해서 구성하지 않는 이상 빈도는 높지 않을 것이다. 그렇다면 실제로 실무에서 시각화에 가장 많이 등장할 재료는 무엇일까? 여러분도 충분히 정답을 알고 있다. 텍스트, 표(테이블) 그리고 그래프(혹은 차트)가 대표적이다. 실무에서 시각화 자료를 구성할 때 모으고 묶고 나누어야 할 실질적인 재료들인 셈이다. 텍스트는 텍스트끼리, 표는 표끼리, 그래프는 그래프끼리 인접하게 구성하는 게 가장 기본이다. 각각 위치가 정해진 것은 없다. 다만, 시선의 흐름을 충분히 활용한다면 좌측 상단에 자료를 설명하는 간략한 텍스트, 우측에 결과 그래프 그리고 하단에 결과의 상세 정보가 담긴 표로 정리하면 효과적이다.

앙상블 모델을 통한 매출 예측

**전년 대비 7.0% 증가**

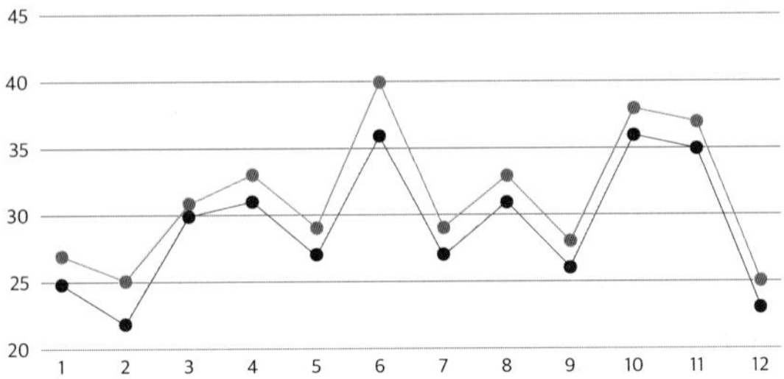


전년

단위. 억원

| 1월 | 2월 | 3월 | 4월 | 5월 | 6월 | 7월 | 8월 | 9월 | 10월 | 11월 | 12월 |
|---|---|---|---|---|---|---|---|---|---|---|---|
| 25 | 22 | 30 | 31 | 27 | 36 | 27 | 31 | 26 | 36 | 35 | 23 |

내년

| 1월 | 2월 | 3월 | 4월 | 5월 | 6월 | 7월 | 8월 | 9월 | 10월 | 11월 | 12월 |
|---|---|---|---|---|---|---|---|---|---|---|---|
| 27 | 25 | 31 | 33 | 29 | 40 | 29 | 33 | 28 | 38 | 37 | 25 |

이는 세 가지 재료가 동시에 등장하고 표현될 때의 예시다. 중요한 점은 텍스트는 좌측에 배치하여 가독성을 높였다는 것이다. 여러분도 잘 알고 있듯 텍스트는 되도록 최소화하여 사용한다. 그리고 최소화된 텍스트도 좌측에 구성하여 청중의 시선을 자연스럽게 유도해야 한다는 것도 잊지 말자.

**텍스트는 최소화하되, 좌측에 배치하는 것이 중요하다.**

# 3 텍스트 정렬법과 전략적 여백 활용법

앞서 확인한 것처럼 시각화 자료를 구성할 때 내용을, 그리고 각각의 재료를 어디에 배치할 것인가를 결정하는 것은 매우 중요하다. 다시 말하자면 훌륭한 식재료를 보유해도 요리가 잘못되면 소용이 없는 이치와 같다. 특히 가장 고민하고 신경을 써야 할 대상은 바로 텍스트이다. 텍스트는 최대한 배제해야 한다는 사실은 누구나 다 안다. 하지만 시각화 자료를 구성할 때 단 한 줄의 텍스트도 활용하지 않을 수 있다고 말하기는 곤란하다. 그래서 좀 더 정확히 표현하자면 배제보다는 최소화하고 부득이 배치할 경우에는 꼼꼼히 살펴야 하는 것이다.

텍스트는 좌측 상단에 배치한다는 점은 이제 여러분도 충분히 알고 있다. 시각화 자료 안에서 특별히 강조하는 부분이 없다면 청중은 자연스럽게 시선을 좌측 상단에서 우측으로 이동하며 'Z' 모양으로 읽어 내려갈 것이다. 텍스트를 좌측 상단에 배치하는 것은 청중이 데이터를 보기 전에 내용의 핵심을 이해하도록 돕는 중요한 역할을 담당한다. 일종의 내용 요약 역할을 하는 셈이다. 텍스트는 최소화되지만, 자료에 포함된 텍스트는 청중과 호흡하는 중요한 도구이다.

**특별한 힌트가 없다면 청중의 시선은 'Z'모양으로 움직인다.**

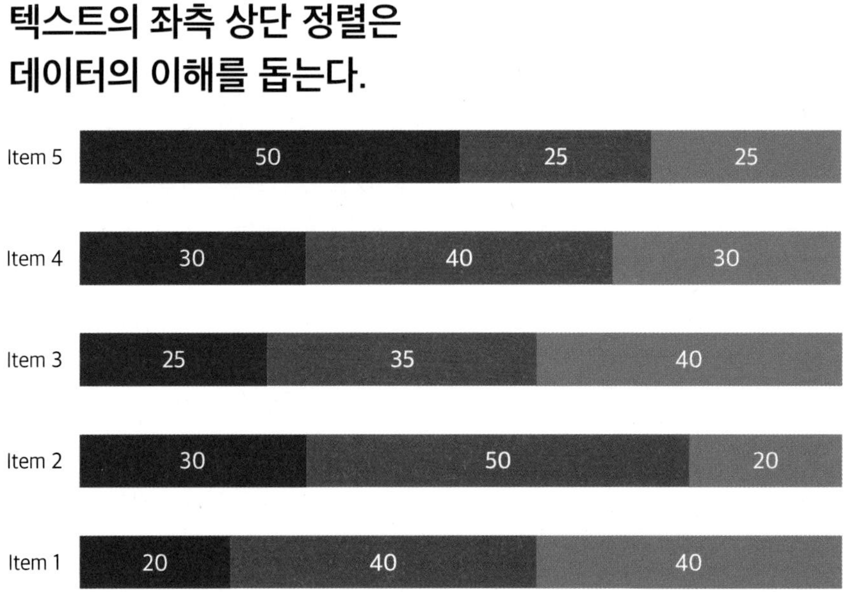

텍스트와 관련하여 자주 범하는 기본적인 실수 중 한 가지는 여백이다. 이는 많은 것을 담아야 한다는 강박 관념과 다다익선에 기반한, 많은 것이 좋다는 의식에서 비롯된다. 잔칫상 차리듯 텍스트로 가득한 페이지는 청중의 피로감과 비례한다. 공간이 남아 있으니, 데이터를 더 추가해야 한다는 생각도 금물이다. 자료에 포함되는 모든 것은 충분한 고민 후에 넣어야 하며 무엇보다 목적이 분명해야 한다. '여백의 미(美)'는 시각화 자료의 구성에서도 충분히 통용되는 이야기이다. 오히려 여백을 전략적으로 사용하면 시각적 효과를 극대화하는 순기능도 얻을 수 있다.

**여백은 발표자가 내용을 충분히 파악하고 있다는 간접증거이다.**

그렇다고 억지로 여백을 만들어 낼 필요는 없다. 시각화 자료를 만들다 보면 부득이 많은 내용을 담아야 할 상황이 반드시 존재한다. 텍스트를 최소화하고 불필요한 내용을 간결하게 정리하여 표현하여도 어쩔 수 없이 꼭 전달해야 하는 내용이 있다.

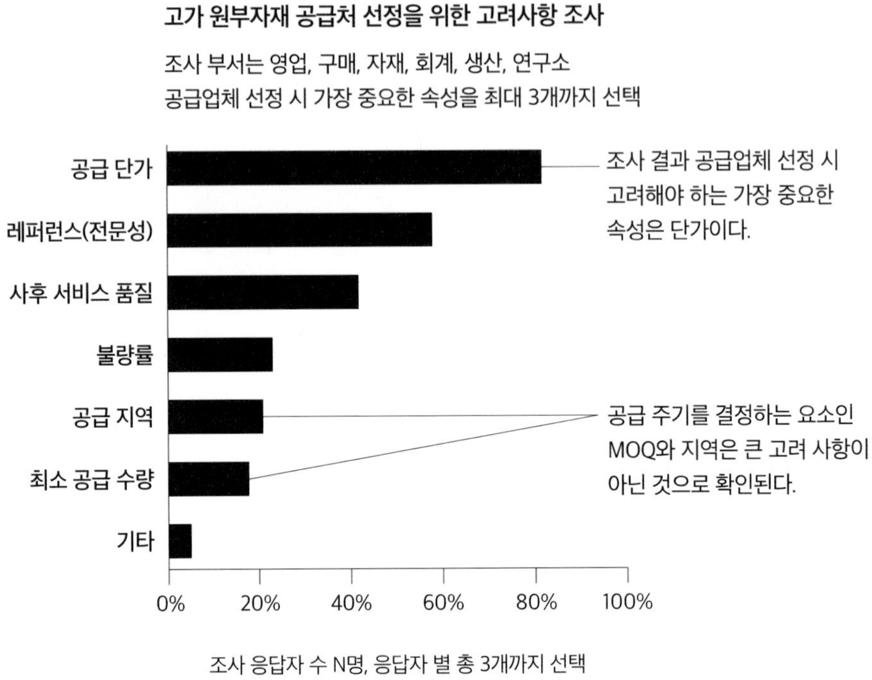


제시된 차트는 어느 기업의 공급 업체 선정을 위한 조사 결과를 시각화한 것이다. 지금까지 함께 학습해 온 내용을 충분히 이해하고 있다면 해당 차트가 시각화 자료로서 조금은 부족하다고 생각을 할 수 있을 것이다. 물론 정보의 전달 면에서 접근하자면 꽤 괜찮은 차트라고 생각할 수 있다. 그럼, 무엇이 문제일까? 일단 차트에 담긴 내용이 너무 많다. 꼭, 반드시 전달해야 할 내용을 제외하더라도 반복적인 내용도 등장한다. 추가적인 설명을 위해 불필요한 연결선을 사용한 부분도 혼란을 가중한다. 따라서 제시된 시각화 자료는 잘 구성되었다고 보기 어렵다. 청중에게 부담스러운 자료인 것이다. 청중은 해당 내용을 이해하기 위해 발표자의 설명을 반드시 들어야 한다. 그러나, 만약 제시된 모든 내용을 담아 차트를 완성해야 하는 불가피한 상황이라면 어떤 방법이 있을까?

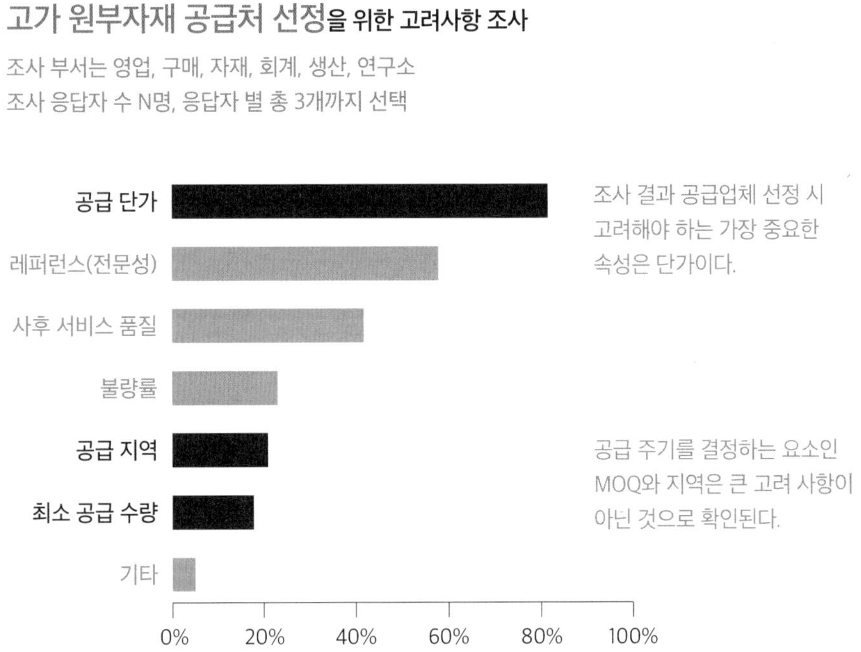


앞서 제시된 차트의 모든 내용이 포함되어 있다. 비슷한 것 같지만 조금은 다른 모습이다. 우선으로 부연 설명, 곧 연결선을 사용하여 설명한 부분을 내용의 일관성을 위해 우측 정렬로 진행하였다. 과감하게 연결선도 제거하였다. 말 그대로 부연이기 때문에 청중이 특별히 시선을 집중하거나 내용 파악에 공을 들이지 않도록 색상도 흐린 색을 반영하여 작성하였다. 청중이 해당 내용을 읽지 않고 넘어가면 더 좋다. 발표 시 구두로 설명하면 그만이다.

다음으로 위, 아래 반복적으로 등장한 문구는 하나로 통일하여 제목 아래 위치시켜 처리하였다. 제목은 정확히 좌측 정렬하여 해당 시각화 자료가 무엇을 위한 것인지 청중이 빠르게 이해할 수 있도록 배치하였다. 본 시각화 자료에 포함된 텍스트 중 가장 중요한 역할을 담당한다. 무엇보다 중요한 변화는 색상의 대비이다. 강조하는 부분과 그렇지 않은 부분의 색상을 명확히 구분하여 표현하였다. 제목에서 핵심적으로 확인해야 할 부분의 색상, 차트에서 청중의 시선이 꼭 머물러 확인해 주길 바라는 항목 등에 색상이 강조되었다. 결과적으로 원래의 시각화 자료보다 보기에 좀 더 편한 느낌을 받을 수 있다. 체계가 잡혀 있기 때문이다. 각 재료를 정렬하는 데 많은 고민이 있었음을 알 수 있다.

**정렬이 잘 이루어지면 자연스럽게 여백도 하나의 구성 요소로 작용한다.**

# 4 명확한 대비로 시선을 유도하라

다시 페이지를 앞으로 돌려 공급처 관련한 차트를 다시 살펴보자. 색상과 명암을 통해 강조할 부분과 그렇지 않은 부분을 명확히 구분해 표현하였다. 이를 통해 청중이 좀 더 정확하고 빠르게 내용을 파악할 수 있도록 유도한 것이다. 가독성이 높아지는 건 두말하면 잔소리다. 이처럼 모든 시각화 자료에서 상대적 비교를 명확히 처리해 주는 것은 또 다른 중요한 포인트가 된다. 청중의 시선과 관심이 어디를 향해야 할지를 설명해 주는 훌륭한 신호이자 이정표가 되는 것이다. 반대로 상대적 비교 요소가 부족하면 시각화 자료는 산만해지고 청중의 혼란을 가중하게 한다.

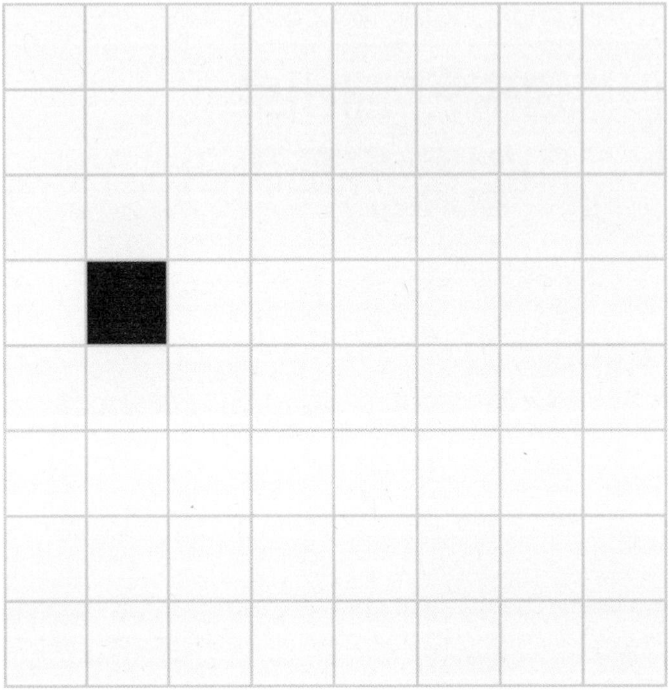

제시된 이미지에서 여러분의 시선이 가장 먼저 고정되는 부분은 어디인가? 아마도 대부분의 사람은 빨간색 상자에 먼저 시선이 고정될 것이다. 이는 극명하게 대비되는 색상으로 특정 부분을 강조했기 때문이다. 또 다른 특징적인 것은 단 두 가지의 색으로만 구성되었다는 점이다. 하지만 두 가지 색상을 활용했어도 색상의 대비를 통해 청중은 한 가지 색만 인지하게 된다.

이번 이미지에서는 다양한 색이 복합적으로 나타나고 있다. 꽤 화려하다. 이번엔 다양한 색 조합 속에서 파란색을 찾아보자. 유사한 색상이 보이긴 하지만 파란색은 분명 하나이다. 큰 무리는 없겠지만, 만약 해당 상자들 속에서 파란색 상자가 내가 강조하고 싶은 부분이라면 청중이 이미지를 제시하자마자 바로 인지하기는 어렵다. 몇 번의 시선을 돌려 찾아내야 한다. 이런 상황이 되면 청중은 부연 설명을 하는 발표자의 목소리에 집중하기 힘들다. 이는 데이터 시각화에서 색상(혹은 명암)의 대조를 통한 비교가 얼마나 중요한 전략인지 확인할 수 있는 좋은 예이다.

## 명확한 대비는 시선을 유도한다

유사함 속에서 다른 한 가지를 찾는 일, 다양함 속에서 다른 한 가지를 찾는 일은 그만큼 어렵다. 그래서 시각화 자료를 구성할 땐 명확한 대비를 통해 주목할 부분과 나머지를 다르게 표현하는 것이 현명하다. 실제 시각화 자료에서 이 부분이 어떻게 적용되는지 확인해 보자.

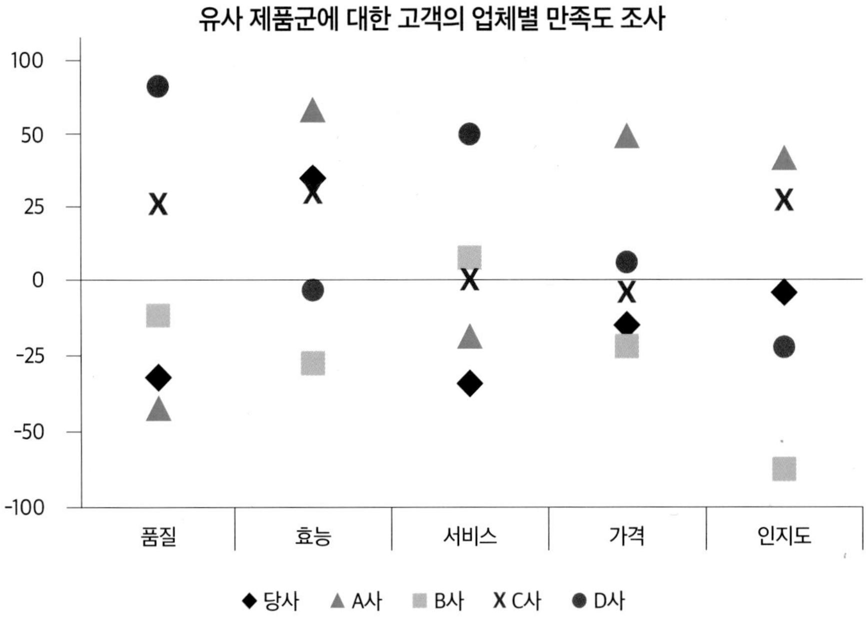

제시된 자료는 고객의 업체별 만족도를 조사하여 시각화한 자료이다. 먼저, 만족도의 범주가 넓다는 점은 뒤로하고, 여러분도 느끼겠지만 어딘가 화려하긴 한데 혼란스럽고 의미해석이 잘되지 않는다. 각 업체를 도형으로 표현한 것까지는 적절한데 색상을 다르게 하여 표현한 부분은 어색하다. 물론 작성자 관점에서 청중에게 좀 더 명확한 구분을 유도하려는 조치라는 건 이해할 수 있다. 그러나 전체적으로 볼 때 어떤 조사인지는 확실히 알겠는데 무엇을 전달하고자 하는지 이해하기는 어렵다. 그 이유는 명확하다. 제시된 시각화 자료에는 화려함만 강조되었기 때문이다. 비유하자면 많은 스타가 시상식장에서 청중의 관심과 시선을 끌기 위해 경쟁하는 것처럼 보이는 것과 비슷하다. 시상식의 스타는 그래도 한 명씩 등장하지만, 지금의 자료는 모두가(업체) 함께 등장하기에 청중은 시선을 어디에 고정하고 집중해야 할지 알기 어렵다.

어떤 해결책이 있을까? 해당 자료를 통해 우리가 무엇을 청중에게 전달하고자 했는지 먼저 생각해 보자. 핵심은 품질, 효능, 서비스, 가격 그리고 인지도에 대한 고객 만족도이다. 업체별로 해당 항목들에 대해 어떤 점수를 받았는지 정확히 전달하면 좋겠지만, 더욱 관심을 가질 부분은 과연 당사는 다른 업체들과 비교했을 때 항목별로 어떤 위치에 있는지, 그리고 충분한 경쟁력이 있는지 확인시켜 주는 것이다. 좀 더 솔직히 말하면 청중은 업체별로 점수가 어떠했는지 상세한 내용을 알 필요도 없고 알려고 하지도 않는다. 명쾌하게 당사의 만족도가 경쟁사와 어떤 차이 있는지 한눈에 확인할 수 있는 정보가 필요하다. 하지만 제시된 시각화 자료는 대조가 부족하다. 바로 그 이유 때문에 정보를 해석하기 어려워진 것이다.

유사 제품군에 대한 고객의 업체별

# 만족도 조사

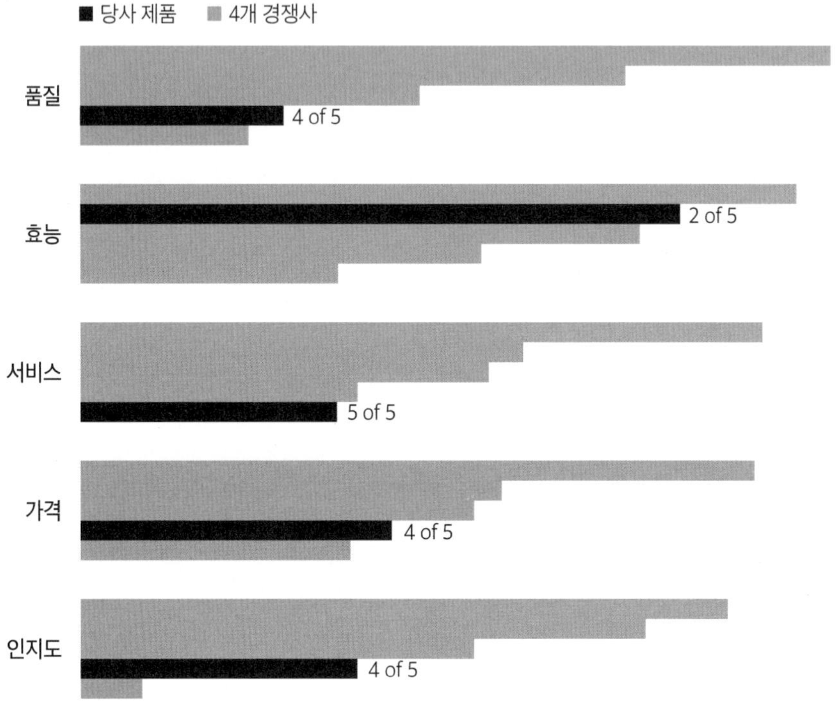


명확한 대비를 위해 많은 부분을 개선하였다. 우선 수평 막대 차트를 선택해 정보를 표시했다. 기존 시각화 자료에서 제시되었던 범주, 조사 항목 그리고 업체의 3가지 포인트가 조사 항목 하나로 축소되었다. 당사는 물론 업체별로 몇 점을 받았는지는 관심사가 아니다. 숫자 역시 많을수록 해석이 어렵다. 숫자를 대폭 줄이고 절대 척도로 변경하였다. 각 항목별로 당사는 어떤 위치, 구체적으로 몇 등을 하고 있는지 명확히 확인 가능하다. 혹시, 누군가 항목별 절대 점수를 확인하고 싶다고 문의한다면 구두로 설명하면 된다. 청중은 절댓값보다 상대 차이에 좀 더 관심이 있기에 이러한 변경이 효과적이다. 실제 수치 값은 의도적으로 배제하고 특정 숫자 값보다는 상대적 차이에 초점을 두도록 유도하는 것이다. 당연히 각 범주 내에서 막대의 길이는 당사와 다양한 경쟁 업체 간 요약 측정값을 의미한다. 비교 대상은 모두 하나의 색상으로 통일하고 강조하는 부분만 다른 색상으로 상반되게 처리하였다. 어떤 점에서 당사가 경쟁사에 비해 강하고 약한지를 파악하기 쉽다. 만약 누군가가 각 항목별로 1등 업체가 어디인지를 또 묻는다면? 구두로 대답해 주면 된다. 아마도 더 정확히 인지될 것이다.

**상대적 차이를 표현할 때는 적극적으로 대비 효과를 활용하자.**

# 5 크기, 색상, 블록으로 신호를 보내라

8649315683
5689254356
9325786176
2816873543

바로 퀴즈를 풀어보자. 한 줄에 10개씩 4줄 총 40개의 숫자가 나열되어 있다. 제시된 숫자 블록에서 3은 총 몇 번이 등장할까? 숫자가 많은 것도 아니므로, 차례로 좌측에서 우측으로, 그리고 아래로 내려가며 하나씩 읽고 3을 찾아 가면 된다. 한 가지 수고로움이 뒤따르는데 앞서 인지된 숫자 3을 기억하며 +1씩 더해가는 간단한 연산도 필요하다. 만약 지금이 발표 자리이고 이러한 과정을 청중이 수행해야 하는 일이라면 어떨까?

8649**3**15368**3**

5689254**3**56

9**3**25786176

281687**3**54**3**

이번에는 동일한 숫자 배열 속에서 간단한 변화를 주어 3이 여섯 개라는 것을 쉽게 알 수 있게 하였다. 청중이 인지해야 하는 숫자의 색상을 달리하여 읽고 해석해야 하는 번거로움을 덜어주었다. 나열된 숫자에서 3은 "나 여기 있어요".라고, 알려준다. 색상으로 시선을 유도하고 싶은 곳을 강조하면 특별한 언급이나 설명을 하지 않아도 청중은 먼저 알아차릴 수 있는 것이다. 이처럼 발표 자료에 신호를 보내는 전략은 자료 구성에서 매우 중요하다. 청중에게 신호를 보내는 방법에 대해 알아보자.

앞서 상대적 비교를 설명하며 언급한 것처럼 유사함 속에서 혹은 다양함 속에서 다른 한 가지를 발견하기는 쉽지 않다. 이를 해결하기 위한 가장 손쉬운 방법으로 나머지는 동일한 색으로 구성하고 특별한 한 가지에만 다른 색상을 사용하여 신호를 보내는 방법을 소개했다. 이뿐이 아니다. 색상에 변화를 주는 것 말고도 특별한 신호를 전달하는 방법은 꽤 많이 존재한다. 핵심은 결국 함께 구성된 요소와 신호를 보낼 요소를 구분해서 표현하는 것이다. 청중의 시선이 그룹 내에서 주변 요소와 다른 나머지 하나에 고정되도록 유도하는 방법이다. 이러한 효과는 주변 환경의 차이를 빠르게 판별하는 인간의 인지 능력을 적극 활용하는 것이다.

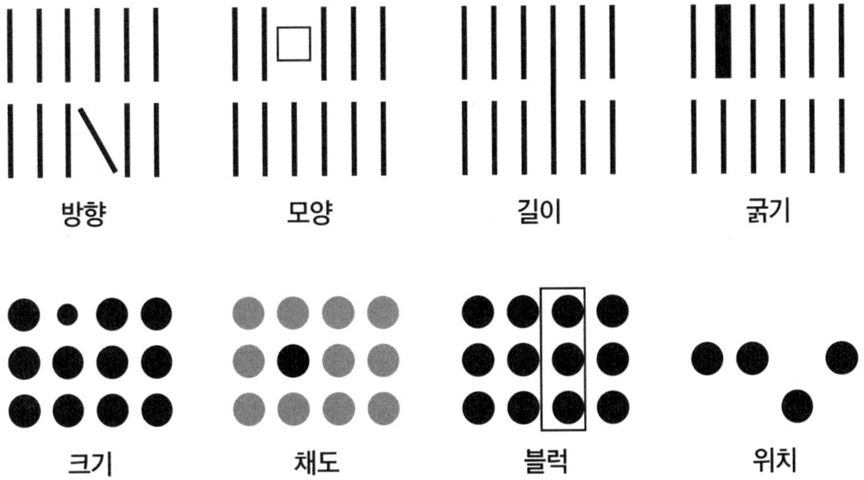

방향, 모양, 길이, 굵기 그리고 크기, 채도, 블록, 위치. 발표 자료를 구성할 때 활용할 수 있는 대표적인 신호 보내기 방법이다. 기존의 구성과 다른 한 가지가 청중의 시선을 유도하고 마침내는 시선을 고정하는 역할을 하게 된다.

**청중의 관심을 빠르게 얻고 싶다면 자료 속에 신호를 넣자.**

색상을 포함하면 대략 아홉 가지 방법이 활용된다고 할 수 있다. 많다면 많고 적다면 적다. 자료를 구성할 때마다 매번 신호 보내는 방법을 고민하여 사용하는 일이 사실 쉬운 일이 아니다. 시각화 자료를 구성할 때 자주, 손쉽게, 효과를 극대화할 수 있는 핵심적인 신호 보내기 방법을 말하자면, 그것은 바로 크기를 변화시키는 것이다. 크기의 변화는 상대적 중요도를 단번에 전달하는 역할을 담당한다. 자료를 구성할 때 다른 무엇보다도 우리는 크기를 충분히 고민하고 표현해야 한다. 도형을 표현할 때는 두말하면 잔소리가 되고, 특히나 텍스트를 전달할 때 중요도가 높은 핵심적인 한 가지가 있다면 그 한 가지를 가장 크게 구성해야 한다.

모양 위치 길이 **크기** 두께

그리고 두 번째는 여러분도 충분히 예상한 것처럼 색상이다. 색상의 중요성은 더 이상 언급하지 않아도 충분히 그 중요성을 알고 있으리라 믿는다. 좀 더 직설적으로 표현하자면 색상은 우리가 시각화 자료를 구성할 때 청중의 시선과 주목을 단번에 이끌 수 있는 매우 핵심적이며 중요한 방법이다. 중요도를 강조하기 위해 색상을 전략적, 선별적으로 사용하는 일은 매우 중요하며, 이는 신호 보내기의 핵심적인 표현 방법의 하나이다. 따라서 색상의 선택과 사용은 자료를 구성하는 사람의 의도적인 의사 결정의 결과라고 할 수 있다.

지극히 개인적인 TIP을 주자면, 나는 시각화 자료를 구성할 때 기본적으로 대부분의 색상을 회색 계열을 사용하여 처리한다. 그리고 시선을 모으거나 강조하고 싶은 부분이 있을 때는 진한 색상, 그중에서도 남색 계열의 색을 선택하여 표현한다. 여기서 중요한 포인트는 검은색이 아니라 회색이 기본 색상이라는 점이다. 검은색 자체도 강렬함을 담고 있어서 완벽한 대비 효과를 얻기가 힘들다. 그래서 나는 기본 색상을 회색 계열로 처리하는 것이다.

또 하나는 앞서도 언급한 것처럼 다양한 색상의 사용을 무조건 피한다. 회색과 남색 단 두 가지 색을 적절하게 사용하여 시각화 자료를 구성한다. 그리고 일관되게 모든 페이지에 동일하게 적용한다. 텍스트의 경우는, 기본색을 남색으로 활용한다. 강조할 부분의 텍스트는 크기를 달리하고 주황색의 진한 폰트를 사용하여 포인트를 준다. 색상의 무분별한 사용은 과유불급이다. 중요하고 그래서 강조하고 싶은 부분이 있다면 여러 색을 혼합하여 사용하지 않는 것이 좋다. 앞서 보았듯이 너무 많은 색이 혼재되면 그 어떤 것도 시선을 유도하지 못한다. 청중의 시선을 모으고 강조하는 색상은 하나면 충분하다.

**회색과 남색을 활용한 시각화 자료가 확실한 대비 효과를 준다.**

마지막 하나는 바로 블록이다. 그 어떤 신호보다 블록은 강력하다.

8649**3**15683  
5689254**3**56  
9**3**25786176  
281687**3**54**3**

표현된 모든 자료가 동일하여도 청중의 시선은 자연스럽게 블록이 씌워진 곳으로 향한다. 색상의 고민, 크기의 고민, 여타 강조를 위한 고민을 하다 지친다면 간단하게 블록을 구성하면 된다. 블록에 대해서는 특별한 설명을 할 필요도 없다.

**사전 신호를 전달하는 핵심적인 세 가지 방법.**  
**크기, 색상 그리고 블록!**

마지막으로 시각화 자료의 배치와 구성에 관해 간략히 살펴본다. 우리는 앞서 청중의 시선이 발표 자료를 어떻게 읽어 가는지에 대해 살펴보았다. 다시 말씀드리면 시선은 왼쪽 위부터 우측으로 이동 후 Z자 모양으로 움직이게 된다.

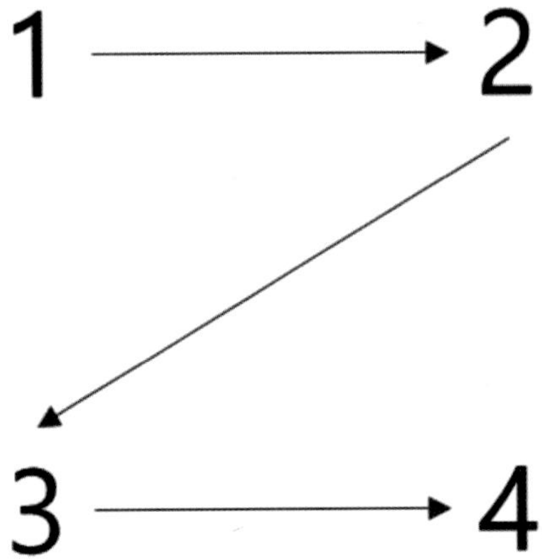


결과적으로 볼 때 청중의 시선이 가장 먼저 머무르는 공간은 좌측 상단이 된다. 그리고 우측 상단으로 자연스럽게 이동한다. 따라서 모든 페이지 상단은 매우 중요한 역할을 담당하게 된다. 그러니 무언가 중요한 내용을 전달해야 한다면 주저 없이 그 내용을 좌측 상단에 배치하면 좋다. 이렇게 하면 청중으로서도 불필요하게 자료 검토하는 시간을 최소화할 수 있다. 이러한 배치는 발표 자료의 구성에서 중요도를 명확히 집어 배치한다는 의미이다. 모든 페이지에 청중이 가장 먼저 확인했으면 하는 정보와 이를 부연하는 정보를 구분하고 구성하는 것이다. 모두 아는 것처럼 청중은 페이지에 포함된 모든 내용을 단번에 인지하기 힘들다. 어쩌면 모든 내용에 관심조차 주지 않을 수도 있다. 시선이 가장 먼저 머무는 왼쪽 위에 해당 페이지의 핵심을 소개하고 내용 설명이 이루어진다면 그만큼 효과적인 발표가 진행될 것이다. 그래서 좌측 상단에 주로 제목을 입력하는 것이다.

# 6 일관된 색상을 사용하라

색상은 청중의 시선을 모으고 시선을 끌 수 있는 가장 강력한 무기이다. 하지만 적절히 사용하고 절제해 표현할 때만 그러하다. 청중 또는 수용자에게 사전 신호를 전달하는 핵심적인 세 가지 요소 중에서 한 가지만 사용해야 한다면 당연히 색상을 선택해야 한다. 데이터 시각화에서 색상은 그만큼 중요하다. 색상의 표현과 관련된 이야기를 조금 더 깊이 있게 나누어 보자.

| DIV | A | B | C | D |
|---|---|---|---|---|
| Item 1 | 1 | 2 | 3 | 4 |
| Item 2 | 8 | 7 | 6 | 5 |
| Item 3 | 9 | 10 | 11 | 12 |
| Item 4 | 16 | 15 | 14 | 13 |
| Item 5 | 17 | 18 | 19 | 20 |
| Item 6 | 24 | 23 | 22 | 21 |
| Item 7 | 25 | 26 | 27 | 28 |
| Item 8 | 32 | 31 | 30 | 29 |
| Item 9 | 33 | 34 | 35 | 36 |
| Item 10 | 40 | 39 | 38 | 37 |

빨, 주, 노, 초, 파, 남, 보. 화려한 무지개 색으로 히트 맵(map)을 완성했다. 여러분의 의견이 궁금하다. 대부분 공감하리라 짐작한다. 제시된 히트 맵은 화려할 순 있지만 무엇을 강조하고자 한 것인지 알기는 쉽지 않다. 과연 청중의 시선은 어디에 고정되어 있을까? 아마도 청중은 빨강부터 보라색까지 다양한 색상을 감상하며 몇 개의 색이 표현되었는지 개수를 헤아리는 데 집중하게 될 것이다. 청중은 한곳에 집중할 수 없다. 좌우상하 시선을 이리저리 돌리며 혼란스러워할 것이다. 혹시나 청중이 좋아하는 색상이 등장하여 시선이 고정되어도 그 색

상이 발표자가 강조하고자 했던 중요한 의미를 담고 있으리라고 단정 지을 수도 없을 것이다. 더욱이 개인마다 좋아하는 색상은 모두 다르다. 좋아하는 색상이 있다면 시선의 움직임을 최소화할 수 있으니 그나마 다행이다. 설령 청중의 시선이 어딘가에 고정되더라도 그곳이 발표자가 원하는 위치라는 법은 없다. 여러 색상을 복합적으로 사용해야 효과적이라는 강박을 버려야 한다. 다양한 색을 사용하고 싶다면, 동일한 계열의 색상을 채도를 달리하여 표현하는 것이 오히려 더 현명하다.

| DIV | A | B | C | D |
|---|---|---|---|---|
| Item 1 | 1 | 2 | 3 | 4 |
| Item 2 | 8 | 7 | 6 | 5 |
| Item 3 | 9 | 10 | 11 | 12 |
| Item 4 | 16 | 15 | 14 | 13 |
| Item 5 | 17 | 18 | 19 | 20 |
| Item 6 | 24 | 23 | 22 | 21 |
| Item 7 | 25 | 26 | 27 | 28 |
| Item 8 | 32 | 31 | 30 | 29 |
| Item 9 | 33 | 34 | 35 | 36 |
| Item 10 | 40 | 39 | 38 | 37 |

동일한 히트 맵이다. 채도에 변화를 주어 남색 계열의 한 가지 색상으로 다양하게 표현하였다. 일단 보기에도 안정감이 있고 정돈된 시각화 자료라는 느낌을 받는다. 청중은 채도가 높은 곳에 시선이 머무를 것이다. 진하게 표현된 숫자일수록 강조하는 부분으로 자연스럽게 인식할 것이다. 반대로 색상이 흐려질수록 관심을 덜 두게 될 것이다. 색상이 화려한 히트 맵에서 기대하기 힘든 효과다. 청중에게 어필하는 효과만이 아니다. 발표자 처지에서도 다양한 색상을 선택해야 하는 수고를 덜어주고, 색칠하는 데 들어가는 시간적 노력을 줄여주는 효과도 있다. 우리는 색채의 마술사 앙리 마티스(Henri Matisse)가 될 수 없다. 아니, 될 필요가 없다. 색채의 향연은 마티스에게 맡기고 우리는 의미 전달에 무게를 두자.

**한 가지 색상만으로도 충분히 효과적인 표현이 가능하다.**

이야기는 자연스럽게 일관된 색상의 사용으로 연결된다. 데이터 시각화와 관련한 강연을 진행할 때 가장 많이 받는 질문이 있다. 듣는 일이 직업이 아닌 이상 발표 과정은 지루할 수 있다. 그래서 그런 것일까? 색상을 화려하게 하고 그래프 유형도 다양하게 변화를 줘 청중에게 지루할 틈을 주지 않는 것이 더 좋지 않냐는 질문을 종종 받곤 한다. 한두 가지의 색상만 사용하고 그래프나 차트를 일관성 있게 구성하는 것은 전체적인 통일성을 유지한다는 측면에서 좋지만, 그만큼 청중이 지루함을 느낄 수도 있지 않냐는 주장이다. 살짝 고민이 될 만도 하다. 화려함과 일관성. 과연 어느 쪽이 정답일까?

여러분은 고민이 될 수 있겠지만 필자의 대답은 한결같다. 일관성을 유지하는 쪽이 훨씬 유리하다는 점이다. 발표 과정에서 청중은 충분히 지루함을 느낄 수 있다. 하지만 발표자는 청중이 지루하지 않도록 해야 한다. 더 나아가 발표 내용에 집중할 수 있도록 시선을 모으고 관심을 유도해야 한다. '일관성을 유지하며 이게 가능해?'라고 반문할 수 있겠지만 충분히 가능하다. 시각화 자료 발표에서는 스토리가 핵심이 되어야 한다. 발표하는 내용과 과정이 청중의 관심을 받아야 하는 것이지 색상과 그래프 혹은 차트가 눈길을 사로잡아서는 안 된다. 다시 말하면 색상을 포함한 발표 자료의 여러 요소가 주인이 되어서는 안 된다는 점을 강조하고 있는 것이다. 청중은 여러 요소의 변화무쌍함을 원하는 것이 아니다. 스토리에 감동을 받고자 한다. 적어도 발표의 과정에서는 그렇다.

차트와 그래프의 활용에서도 일관되게 주장한 주요 가치는 가독성이다. 청중이 쉽게 읽고 금방 이해할 수 있는 시각화 자료를 활용해야 한다는 점을 지속해서 강조하였다. 위치와 크기의 일관성은 발표 자료 전체를 관통하는 기준이 되어야 한다. 동일한 그래프로, 그중에서도 막대그래프로, 특히 유사한 정보를 청중에게 전달할 때는 더욱 그러하다. 위치와 크기를 일관되게 유지해야 발표 효과가 크다. 색상도 마찬가지다. 주제의 방향성에 맞춰 색상을 일관되게 유지해야 한다. 긍정적인 부분에 사용한 색상과 부정적인 부분에 활용한 색상을 발표 자료 전체에 동일하게 표현해 주어야 한다. 그래야 청중은 긍정과 부정을 쉽게 구분하고 이해할 수 있게 된다. 단순히 긍정, 부정의 영역만이 아니다. 발표 자료의 설득력과 효능감을 높이기 위해서는 같은 색상을 한가지 목적으로 유지해 사용하는 것이 무엇보다 중요하다.

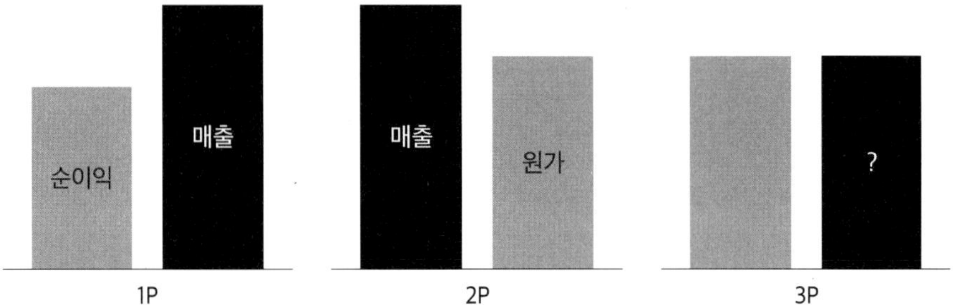


1P와 2P에 청색 계열의 색상으로 매출을 나타내었다. 만약 3P에 각각의 막대 차트가 무엇을 의미하는지 특별히 표시되지 않았다면, 청중은 이를 어떻게 받아들일까? 앞서의 흐름으로 볼 때 청중은 3P에 등장한 두 막대그래프 중에서 적어도 청색 계열은 매출을 의미한다는 것을 쉽게 알 수 있다. 이처럼 동일한 색상을 활용하여 동일한 기준에 반복적으로 적용하면 특별한 설명과 텍스트가 없어도 청중은 자연스럽게 그 의미를 충분히 인지하게 되는 것이다.

## 색상의 화려함이 발표 자료의 품질을 담보하지 않는다.

결국 색상의 선택은 매우 신중해야 한다. 어떤 색이 청중에게 매력적이며 효과적으로 다가갈 수 있을까? 색상은 감정선과 연결된다고 한다. 그래서 미술 심리 치료도 가능한 것인지 모른다. 필자는 주로 청색(정확히는 남색)과 회색 계열의 색상을 사용한다. 되도록 이 두 가지 색으로 모든 것을 표현하려 애쓴다. 긍정의 신호에는 남색을, 부정의 신호에는 회색을 활용한다.

이 두 가지 색만이 완전하고 효과적이라고 강요할 수는 없다. 색상의 선택은 여러분의 몫이다. 청중의 감정을 사로잡고, 나아가 마음마저 움직일 수 있는 확실한 나만의 색을 선택해 두자. 물론 이때는, 전달하고자 하는 내용의 깊이도 고려해야 한다. 가볍게 전달될 이야기인지 아니면 심각하게 고려해야 할 이야기인지. 이제 여러분도 한두 가지 색만 활용하여 색의 명암을 통해 데이터를 효과적으로 전달할 수 있다.

## 부서별 목표 달성 비율

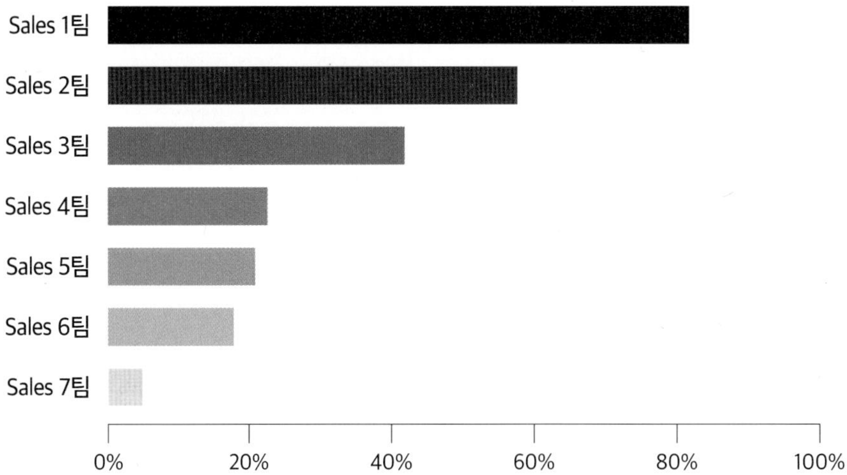

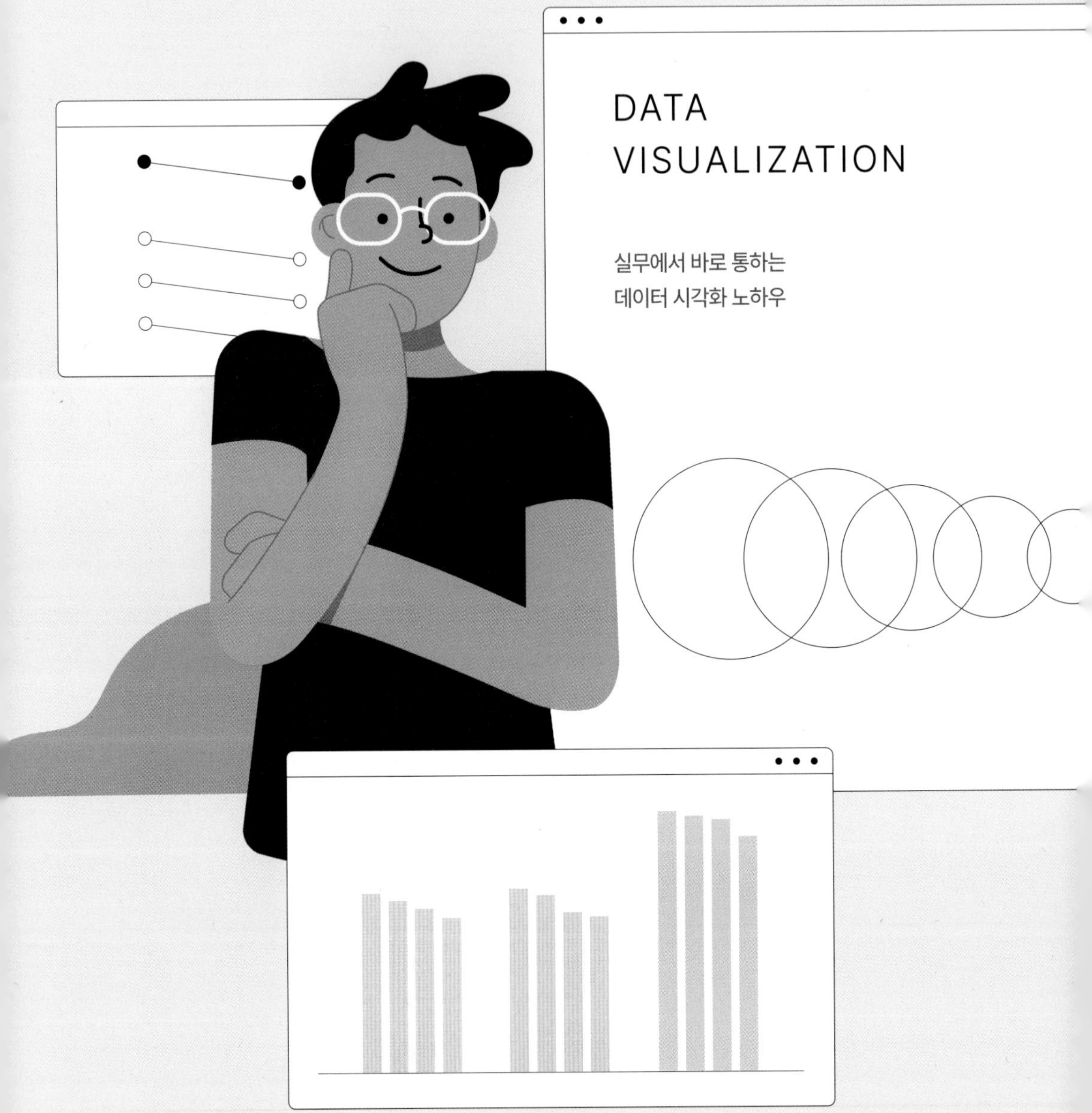
DATA
VISUALIZATION
실무에서 바로 통하는
데이터 시각화 노하우

# #04
# 시각화 자료를 효과적으로 구성하는 방법 2

① 디테일도 결국 설계에서 비롯된다

② 중요하면 중요하다고 말하자

③ 간결하게, 더 간결하게

④ 익숙함은 의외로 힘이 세다

⑤ 더 효과적인 텍스트 사용법

⑥ 디자인이 마음을 움직인다

# 1 디테일도 결국 설계에서 비롯된다

데이터 시각화에 관해 여러분에게 전하고 싶은 이야기는 이제 거의 마무리 단계에 도달했다. 완성도 높은, 그리고 전달력 높은 시각화 자료 구성은, 결국 세밀한 부분에 얼마나 많이 신경 쓰고 각 요소를 적재적소에 배치하느냐가 관건이다. 흔히 디테일의 차이라는 말을 많이 하는데, 결국 디테일도 설계의 꼼꼼함에서 출발하는 것이다. 효과적인 시각화 자료의 구성을 위한 마지막 관문으로 설계에 관해 이야기를 나누어 보자.

우리가 데이터 시각화를 구성할 때 가장 먼저 고민해야 할 것이 무엇인지 다시 상기해 보자. 결론은 하나다. 청중이 이 자료에서 무엇을 얻을 수 있는지 고민하는 것이다.

"형태는 기능을 따른다."

미국의 건축가 루이스 설리번(Louis H. Sullivan, 1856. 09. 03~1924. 04. 14)이 남긴 명언이다. 이 명제는 이제 단순히 건축에만 적용되는 이야기가 아니다. 건축을 넘어 3차원에 표현된 모든 객체에 적용되는 명제가 아닐까, 생각한다.

여러분 주위에 놓인 다양한 물건의 모양새를 들여다보자. 지금 이 글을 쓰는 공간에, 한 문장 한 문장을 고민할 때마다 들고 있는 머그잔의 손잡이가 새삼 깨우쳐 준다. 지금은 없어서는 안 될 둘도 없는 친구인 스마트 폰도 내 손에 정확히 들어온다.

출처 : pixabay

우리가 고민하는 시각화 자료는 3차원으로 표현될 수 없다. 2차원 공간에 구성하고 배치해야 한다. 우리가 구성해야 할 시각화 자료의 형태는 결국 기능, 다시 말하면 청중에게 전달하고자 하는 메시지를 따라야 한다. 가장 핵심적인 포인트는 청중의 공감을 얻기 위한 전략을 수립하는 과정이다. 즉 전체적인 설계를 구상하는 일이다.

**형태는 기능을 따른다. 시각화 자료도 마찬가지다.**

너무 구체적으로 들여다볼 필요는 없지만 그래도 설계가 무엇인지는 잠깐 생각해 볼 만하다. 설계(設計)는 한자이다. 세울 설, 계획 계. 그러니까 계획을 세우는 것이다. 단어가 갖는 의미 그대로가 설명의 전부다. 무엇을 해야 하고 어떻게 할지 정확히 계획하고 방향을 세우는 일이다. 여러분에게 발표 자료를 만들어야 하는 순간이 왔다고 생각하자. 아마도 대다수의 사람은 기존에 반복적으로 사용해 왔던 PPT부터 열고, 예전에 썼던 맨 앞장의 제목을 변경한 후 생각에 잠길 것이다. "그런데 무엇을 담지?"

고민이 시작된다. 자, 이번엔 여러분이 유명한 작가라고 가정해 보자. 가장 먼저 워드 프로그램을 열고, 제목을 작성하고, 그 다음엔 "음, 이제 무엇을 쓰지?"라고 고민하지 않을까 싶다. 하지만 이건 글을 쓰는 올바른 방법이 아니다. 작가도 글을 쓸 때 설계를 한다. 전체적인 이야기의 흐름, 방향성, 구성(플롯plot이라고 해도 좋다) 등 많은 설계 과정을 거친다. 그리고, 설계에 따라 꼼꼼히 글을 작성해 간다. 데이터 시각화도 이렇게 해야 한다. 시각화 자료를 만들어야 하는 순간, PPT를 열게 아니라 무엇을 작성할 것인가 먼저 고민하는 습관을 갖도록 하자. 설계를 한다고 하니 또 다른 무엇인가를 만들어야 한다는 부담감이 들 수도 있겠다. 하지만 그럴 것까지는 없다. 굳이 근사한 '도면'을 만들지 않아도 좋다. 뇌는 최고의 기억 장치이다. 내 머릿속에 그리고(drawing) 담으면 된다. 너무 복잡하고 기억하기 어려운 부분이 있다면, 이럴 땐 종이에 잠시 기록해 두는 것도 좋겠다.

아니, 무슨 발표 자료 하나 만드는데 설계까지 하고 난리일까? 충분히 거부감 가질 수 있다. 그만큼 익숙하지 않아서 그렇다. 발표 자료뿐 아니라 다른 일을 할 때도 사전에 전체적인 방향과 흐름을 고민하는 습관이 안 돼서 그럴 가능성이 높다. 이 일도 반복되면 습관이 된다. 사전 계획이 훌륭한 발표 자료가 청중의 공감을 끌어 낸다는 점을 꼭 기억해 두자.

## 전체적인 방향과 흐름을 사전에 고민하자.

그래도, 복잡하지 않게 전체적인 설계를 고민한다지만, 발표 자료 설계의 범위가 너무 넓다고 생각할 수도 있다. 그렇다면, 무엇을 고민하면 좋을까? 형태는 기능을 따른다는 말을 다시 상기할 때다. 컵에 붙은 손잡이는 우리로 하여금 컵을 들어 주길 바란다. 이처럼 세상의 모든 형태는 특정한 행위를 유도하도록 구성되고 설계된다. 그렇다면 발표 자료에서는 어떨까? 방법은 동일하다. 청중이 우리가 유도한 방향으로 행동하도록 설계하면 된다. 딱 세 가지 포인트만 고려하여 설계를 진행하면 된다. 정확하게, 간결하게 그리고 선명하게!

발표 자료의 내용은 내가 무엇을 전달하고자 하는지 정확한 메시지가 포함되어야 한다. 이도 저도 아닌, 청중이 다 듣고도 무엇을 전달받았는지 알 수 없는 내용이면 곤란하다. 단 하나의 메시지와 흐름으로 구성해야 한다. 줄이고 또 줄이는 방법을 고민한다. 장황한 텍스트보다 단 하나의 눈에 띄는 단어가 더욱 효과적인 법이다. 청중이 반드시 알아야 한다면 강조하자. 다른 무엇보다 선명하게 메시지를 전달하도록 해야 한다. "이건 꼭 기억해 주세요."라고 표현해야 청중은 인지한다. 자, 이제 주어진 세 가지 포인트를 고민하며 발표 자료 설계의 방향성을 잡아보자.

**정확하게, 간결하게 그리고 선명하게!**

# 2 중요하면 중요하다고 말하자

청중의 시선이 이동하는 경로를 생각하면, 매 페이지에 등장하는 타이틀은 무엇보다 중요하다. 아마도 대부분의 사람은 발표 자료의 타이틀을 좌측 상단에 제일 먼저 배치할 것이다. 그렇다. 타이틀은 늘 가장 중요한 위치를 차지하고 있었다. 그렇기 때문에 타이틀은 메인 내용과 무언가 달라야 한다. 타이틀을 돋보이게 하는 가장 좋은 방법은 메인 내용에 사용되는 폰트와 다르게 표현하는 것이다. 여기에 더해 전체 발표 자료의 핵심으로 활용되는 컬러를 반영하여 강조하면 효과적인 타이틀을 만들 수 있다. 그리고 타이틀의 크기를 다른 무엇보다 크게 하여 돋보이게 만든다. 혹여 이런 의구심이 들 수도 있다. 정작 중요한 것은 메인 내용인데 청중이 타이틀만 보고 메인 내용에 관심을 두지 않는다면 어떻게 할까? 만족스러운 결과다. 어쩌면 우리가 바라는 바이다. 타이틀만 보고도 해당 페이지의 내용을 인지할 수 있다면 금상첨화다. 메인 내용은 어차피 발표자의 목소리가 강조해 줄 것이다.

## 패턴의 학습, 분류 그리고 예측

**패턴 학습**

강화학습 기반의 AI 알고리즘을 활용한 패턴 학습의 효율성 극대화
조직 내, 외부 여러 데이터 소스의 검색/수집/변환 작업의 자동화
그 어떤 데이터도 빠르게 처리하고 쉽게 패턴을 분석하여 활용할 수 있는 최상의 기술
방대한 양의 데이터와 데이터의 생성 속도, 종류 등의 다양성을 통합적으로 고려한 기술

**패턴 분류**

새로운 변화 내역을 반영한 실제 운영 환경에서의 패턴 분류
신호의 유사 패턴 인식으로 새로운 신호에 대한 빠른 판단 체계 구축
최적의 분류를 위한 n차 반복 파티션 모듈
단순 교집합이 아닌 조건부 확률의 높은 신뢰도 기반의 분류 체계

**패턴 예측**

예측을 통한 대응 체계의 업무 프로세스 정립과 연속성 보장
수요, 공급 목표와 수행 방안의 공유, 예측 정확성을 극대화한 모델 고려
사전 시뮬레이션 환경과 발생 가능한 모든 환경의 시나리오를 자동으로 구축
재고, 품질, 고객 서비스 관련 위험 징후, 예지 분석 등 관리 맞춤형 정보의 제공

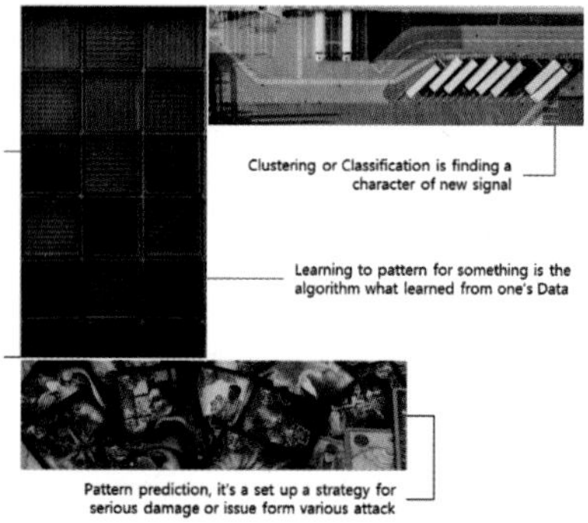


**매 페이지 등장하는 타이틀에도 충분히 신경을 쓰자.**

이제부터 다루는 모든 내용은 앞서 학습한 내용을 종합하여 반복 훈련하는 과정이다. 공부도 예습보다 복습이 중요한 만큼 다시 앞의 내용을 상기하며 접근해 보자. 먼저 색상의 변화와 강조에 대해 살펴보자.

**최근 5년 간 각 세대별 여성고객 1,000명의 당사 제품의 긍정 비율**

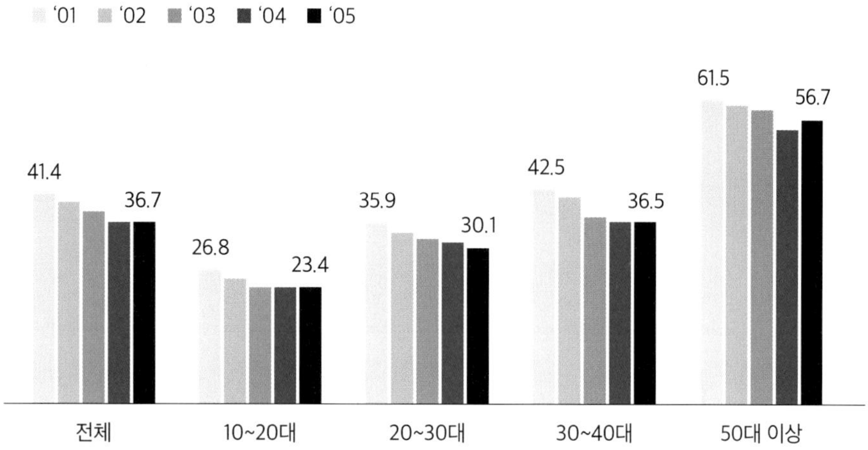


제시된 시각화 자료는 일관된 청색 계열의 동일한 색상을 사용하여 채도에 변화를 주었다. 안정감 있는 시각화 자료이다. 특별한 문제점을 발견하기 힘들다. 굳이 한 가지 단점을 찾자면 무엇을 강조하고자 했는지 알기 어렵다는 점이다. 동일 색상의 사용에 너무 초점을 맞춘 나머지 표현하고자 하는 내용을 명쾌하게 전달하지 못하는 느낌이 든다. 제시된 시각화 자료가 단순히 참고를 위한 부분이 아니라면, 나아가 명확히 전달하고 싶은 내용이 포함되어 있다면 "이 부분을 강조하고 싶었습니다."라고 정확하게 표현해 주는 게 좋다.

**최근 5년 간 당사 제품의 긍정 비율**
각 세대 별 여성고객 1,000명

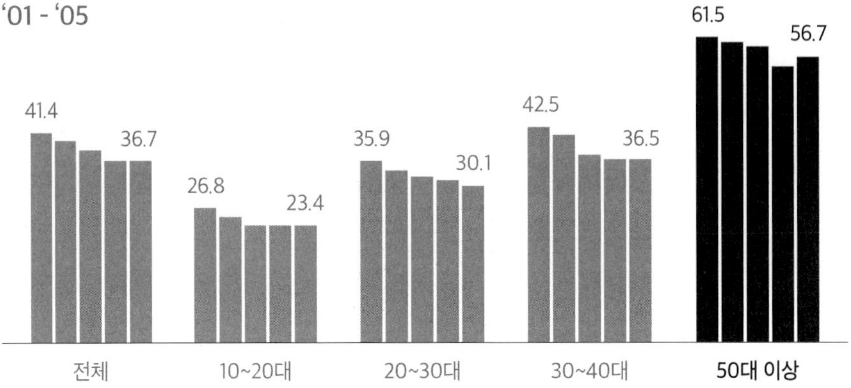


동일한 시각화 자료를 조금 변화를 주었다. 만약 청중에게 우리 제품이 여성 고객, 그중에서도 50대 이상에서 인기가 높다는 점을 강조하고 싶다면 해당 부분에만 하이라이트 처리하여 "이 부분에 집중해 주세요."라고 강조하는 것이다. 추가로 청중의 시선이 쏠리는 텍스트도 강조하는 부분과 그렇지 않은 부분을 나누어 굵기 및 색상에 변화를 주었다. 제시된 두 개의 시각화 자료 중 어떤 자료가 더 뛰어난지 판단하자는 게 아니다. 발표자는 상황에 맞춰 강조할 부분은 자신 있게 강조해야 한다는 점을 말하고 싶은 것이다.

**강조할 부분은 자신 있게 강조하자.**

# 3 간결하게, 더 간결하게

강조할 부분을 콕 집어 강조하는 것은 매우 중요하다. 하지만 강조하는 과정에도 분명히 주의할 점이 있다. 당연한 이야기지만, 강조할 내용이 너무 많거나 무분별하게 등장하면 안 된다는 점이다. 이렇게 하면 자칫 혼란을 가중할 수 있다. 다르게 해석하자면, 강조할 부분이 많다는 건 그만큼 내용이 많다는 것과 같은 의미다. 강조할 곳을 간결하게 드러내다 보면 발표 자료에 빈 공간이 발생할 수 있다. 강조할 부분이 잘 드러났다면 여백이 있어도 무방하다. 모든 페이지에 빈 곳을 두면 큰일 난다는 생각을 이제는 버려도 좋다.

**완벽함이란 더 이상 추가할 것이 없을 때가 아니라 더 이상 제거할 것이 없을 때를 의미한다. - Saint-Exupéry**

그렇다. 생텍쥐페리의 말처럼 어떤 내용을 추가하고 강조할 것인지 고민하는 것보다 어떤 내용을 제거하고 강조하지 않을지를 고민하는 것이 훨씬 중요하며 현명한 자세이다. 자료에 포함되지 않은 내용이 있다면 그건 아마도 불필요한 정보이기 때문일 것이다. 불필요한 정보가 공간을 차지하게 되면 청중은 혼란을 겪을 것이다. 말로 전달하든, 파일로 전달하든 발표 자료에서 청중이 원하는 건 내용을 한눈에 알아볼 수 있는 간결한 구성이다. 간결하게 해야 한다고 해서 전달할 내용을 너무 적게 담으라는 것은 아니다. 정보를 너무 적지도 많지도 않게 담은 설계의 묘미가 필요하다. 덧붙이자면, 어떤 정보가 중요하고 어떤 정보가 중요하지 않은지 미리 폭넓게 생각해서 구성하는 습관을 기르도록 하자. 딱 다섯 가지만 생각하고 구성해 보자.

## 1 발표 자료에 포함된 모든 데이터가 중요한 건 아니다.

데이터도 엄연히 서열이 있다. 여기서 말하는 데이터란 발표 자료에 포함되는 내용을 의미한다. 발표 자료를 구성하다 보면 모든 내용이 모두 다 중요하게 보일 수 있다. 하지만 청중은 아니다. 고민해 보자. 고민해서 얻은 데이터가 바로 강조할 대상이다.

## 2 구두로 전달한 내용이 청중을 감동하게 한다.

중요하지 않다고 판단했어도 설명이 필요한 부분이라면 이는 구두로 전달하는 것이 훨씬 효과적이다. 청중이 발표 자료를 스치듯 읽고 여러분의 입을 바라보는 순간이 최고의 순간임을 잊지 말자. 이를 위해서는 발표 자료의 모든 내용을, 나아가 전달하고자 하는 메시지를 충분히 숙지하고 있어야 한다. 발표 연습은 바로 여기서 출발한다.

## 3 역지사지(易地思之)의 마음을 되새겨 보자.

여러분이 청중이라면 이번 발표에 어떤 이야기가 듣고 싶을까? 만약 구두로 설명하기 힘든 부분이라면 청중도 이해하기 어려운 부분일 가능성이 높다. 모두가 이해하기 힘든 내용은 소통의 재료로서 그 역할이 없다고 봐야 한다. 굳이 전달하기 힘든 내용이라면 과감히 제거해 버리면 된다. 그리고 생각해 보자. 이 내용이 빠지면 어떤 문제를 야기할까? 그 문제가 크지 않다고 판단된다면 더욱 과감히, 그리고 적극적으로 내용을 제거하도록 하자.

## 4 화려한 것에는 언제나 독이 있다.

이건 비단 발표 자료에서만 그런 건 아니다. 무슨 일이든 힘들게 완성한 결과는 쉽게 버리지 못한다. 그 마음 충분히 이해할 수 있다. 더해서 그 결과가 화려하고 예쁘기까지 하다면 더욱 떨쳐내기 쉽지 않을 것이다. 힘들게 작업한 만큼 될 수 있으면 발표 자료에 남겨 두어야 하겠지만 중요도가 떨어진다고 판단되면, 남겨 두어야 한다는 유혹에서 빠져나와야 한다. 아마도 이 부분이 가장 힘든 과정일 것이다. 그래도 과감하게 제거해야 한다. 힘든 과정을 거쳤으니 다음 작업 때는 좀 더 수월하게 만들 수 있다는 사실에 위안을 삼고 유혹을 이겨내자.

## 5 그래도 텍스트보다는 이미지나 아이콘?

데이터를 활용한 차트나 그래프를 제외한 이미지와 아이콘은 스스로 메시지를 전달하지 못한다. 간결함을 추구하기 위해 텍스트 사용을 자제하고 이미지나 아이콘을 활용해서 표현하면 좋다는 생각은 착각이다. 오히려 사용된 이미지와 아이콘을 설명해야 하는 불필요한 일이 존재할 뿐이다. 무엇보다 공간의 낭비임을 명심하자. 이미지와 아이콘은 눈길을 사로잡기 위한 도구이지 텍스트의 대체제가 아니다.

내용을 줄이고 화려함을 제거하고 강조할 부분을 찾아내는 과정은 쉽게 익숙해지지 않는다. 제거의 과정은 언제나 힘들다. 하지만 미련은 갖지 말자. 제거한 내용은 되도록 말로 전달하자. 하지만 그럼에도 불구하고, 아무리 생각해도 청중이 꼭 알아주었으면 하는 내용이나 포인트가 존재하기 마련이다. 발표 자료에 담으려고 하면 과해지고, 제거하려고 하면 아쉬움이 남는다. 어떤 방법이 좋을까? 만약 여러분이 꼭 전달하고 싶은 내용이 있다면, 구두가 아닌 자료에 포함하고 싶다면 유첨을 적극적으로 활용해 보길 권한다. 발표 시 유첨을 꼭 확인해 주기를 당부하는 간략한 멘트와 함께 말이다.

**영화도 쿠키 영상이 쏠쏠하다. 우리에게 부록은 언제나 특별했다.**

발표 자료의 핵심은 뭐니 뭐니 해도 그래프와 차트다. 그래프와 차트도 간결하게 구성해야 한다. 텍스트를 최소화하려고 그래프와 차트를 사용하는데, 이 두 요소를 어떻게 더 간결하게 만들지? 많은 사람이 의문을 가질 수 있다.

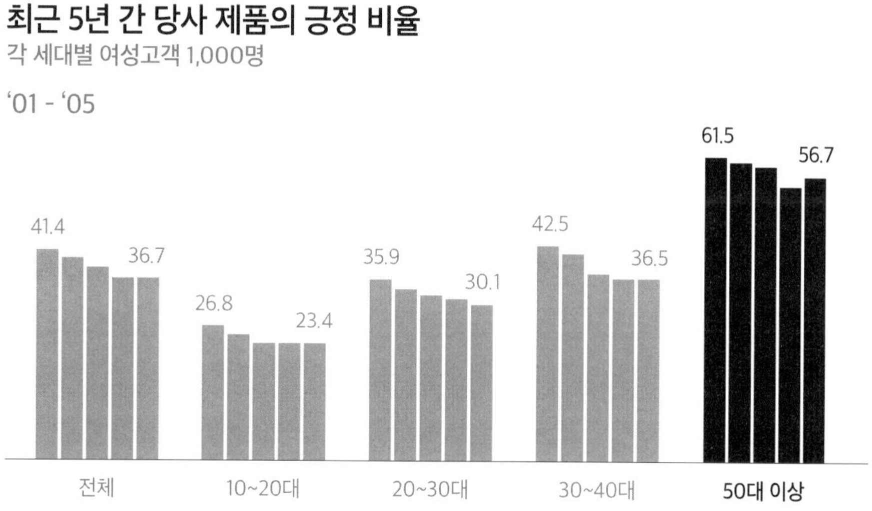

앞서 강조 효과를 극대화하기 위해 보았던 차트를 다시 확인해 보자. 명확한 색의 대비를 통해 강조할 부분이 적극적으로 표현된 차트이다. 해당 차트를 보며 더 간결하게 구성할 방법이 없을까, 생각해 보자. 아마도, 이 글을 읽고 있는 여러분은 이런 생각할 것이다.

"아니 여기서 더 이상 어떻게 간결하게 구성해?"

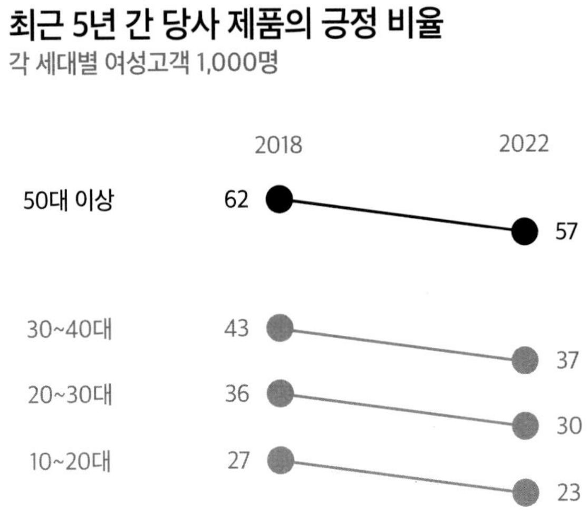


동일한 내용을 점과 점을 연결하는 선을 활용하여 재구성해 보았다. 그래프가 훨씬 가벼워진 느낌을 받게 될 것이다. 더 간결해졌지만, 그렇다고 빠진 내용은 없다. 어차피 연도별 수치는 앞선 그래프에서도 표기하지 않았기 때문에 가능하다. 물론 기존의 차트가 조금 더 구체적이고 내용이 풍부하여 완성도가 높아 보일 수 있다. 하지만, 그 느낌은 두 차트를 동시에 보았을 때만 느낄 수 있다. 비교우위에서 오는 차이인 셈이다. 처음부터 간소화한 차트만 보았다면 내용도 풍부하며 간결하게 좋다고 느낄 것이다. 내용이 많다고 의미 전달이 완벽해지는 것은 아니다.  전달할 내용만 명확히 표현하는 훈련이 꼭 필요하다. 역시나 연도별 구체적인 수치가 요구된다면 구두로 설명하면 충분하다.

### 지금 작성한 그래프와 차트. 최선인가요?

# 4 익숙함은 의외로 힘이 세다

지금 여러분이 읽고 있는 이 책의 언어는 '한글'이다. 아마도 대다수의 독자는 '한글'을 모국어로 사용하는 분들일 것이다. 영어와 한글로 작성된 동일한 문헌을 반드시 읽어야 한다면 나는 당연히 한글로 작성된 문헌을 읽는다. 영어 실력이 부족한 부분을 떠나 굳이 이해하기 어려운 영어 문헌을 읽을 필요가 없기 때문이다. 이는 쉽게 말해 내게는 한글이 익숙하다는 의미다. 읽기가 힘들면 그만큼 이해하기도 힘들다는 방증이다. 이러한 익숙함의 차이는 우리 일상에서도 많이 찾아볼 수 있다. 우리가 늘 다니던 길로만 운전하는 이유, 늘 가던 마트에서 장을 보는 이유, 늘 즐겨 입던 색상의 옷을 구매하는 이유……. 여기에서 말하고자 하는 핵심은 발표 자료에서도 익숙한 재료가 좋다는 것이다.

그 중심이 바로 폰트의 선택이다. 발표 자료에 텍스트는 필수 불가결한 요소임을 여러분도 충분히 알고 있다. 이제 텍스트를 어디에 배치하고 어떻게 활용하는 게 좋은지 같은 이야기는 굳이 다시 꺼낼 필요도 없다. 다만, 텍스트를 사용할 때 있어 어떤 폰트로 구성할지에 대해서는 조금 고민이 필요하다. 결론부터 이야기하자면, 폰트는 눈에 익숙한 폰트를 사용하는 것이 가장 최선이다. 눈에 거슬리지 않는, 언제나 보아오던 폰트가 가장 좋다는 뜻이다. 텍스트의 활용 목적이 무엇인지 알면 그 답이 더 확실해진다.

텍스트의 가장 큰 임무는 가독성이다. 발표 자료의 모든 요소의 가독성이 높아야 하지만, 무엇보다 텍스트는 가독성이 중요하다. 텍스트는 이미지, 아이콘 혹은 그래프나 차트보다 화려함을 강조하기 힘들다. 그래서 별생각 없이 폰트를 구성하는 분들이 있다. 또는 일부러 폰트에 기교를 부리고 효과를 가득 담는 분도 더러 있다. 하지만 잊지 말자. 다른 어떤 요소보다 잘못 사용할 경우 치명적인 요소가 바로 폰트이다.

1 폰트의 선택

2 폰트의 선택

3 폰트의 선택

4 폰트의 선택

지금 보고 있는 폰트 중에서 여러분은 어떤 폰트를 사용하고 싶은가? 발표 자료에 담아야 하는 하나의 폰트를 선택한다면 단연코 맑은 고딕체로 작성된 1번 폰트이다. 더 나아가 발표 자료의 모든 페이지에 동일하게 해당 폰트를 일관성 있게 사용해야 한다. 눈에 익은 폰트를 사용해야 하는 이유를 좀 더 명확하게 하기 위해 같은 페이지를 다른 폰트로 구성해 보자.

**구축의 용이성**

- 기 구축된 업무 통합 환경을 충분히 활용하는 검증된 프레임워크
- 업무에서 생성된 방대한 데이터를 모두 활용한 신속한 의사결정

**전략 경영**

- 데이터를 통한 전략 경영으로 신속하고 정확한 의사 결정을 통한 기업 경쟁력 향상. 데이터는 21세기 원유!

**데이터 자원의 충분한 활용**

- 기업내 수년간 이용해온 업무 통합 환경에 누적된 데이터의 양은 방대함. 이를 충분히 활용할 수 있는 최적의 기회

**사용자 편의성**

- 누구나 쉽게 원인과 결과를 확인할 수 있는 설명가능한 AI
- 복잡한 알고리즘은 EDGE-it이 담당하고 사용자는 시각적 결과만 확인

**데이터의 독립성**

- 서로 다른 기업, 지점, 조직 단위의 개별 환경
- 중앙에서 데이터가 아닌 학습을 관리, 원본 데이터는 확인 불가

**진화하는 알고리즘**

- 개별 기기에서 학습된 결과를 2차 분석하여 스스로 알고리즘을 고도화하고 최적화. 중복 투자를 거부

동일한 내용을 두 가지 다른 폰트를 활용하여 구성한 페이지이다. 맑은 고딕체로 작성된 첫 번째 페이지 구성이 확실히 가독성이 높다는 점을 알 수 있을 것이다. 다시 한번 강조하지만, 텍스트 활용의 목적은 가독성을 높이는 것을 최우선으로 두어야 한다.

**폰트의 선택. 신중할 필요 없다. 가장 보편적인 폰트가 최상이다.**

추가로 텍스트 사용과 관련하여 당부하고 싶은 것이 있다. 누구나 알고 있는 단어와 문장을 사용하자는 이야기다. 조금 과장해서 말하면 초등학생도 이해할 수준의 아주 직관적인 단어와 문장을 사용해야 한다. 어려운 용어를 사용할수록 설명이 그만큼 길어지기 마련이다. 모두에게 익숙한 단어를 사용하자. 그래야 발표 주제에서 벗어난 불필요한 설명을 할 필요가 없어진다. 화려하고, 수려하고, 고급스러운 것처럼 보이는 단어와 문장은 시선을 끌지만 내용을 이해하는 데 전혀 도움을 주지 못한다. 지적으로 표현한다는 건 결코 어려운 단어를 섞어 이야기하는 것이 아니다. 이 이야기는 비단 발표 자료를 만들 때만 유용한 게 아니다. 글쓰기를 할 때도 많은 도움이 된다. 내가 쓴 단어와 문장이 얼마나 효과적인지 판단하고 싶다면 주변 동료에게 보여주면 된다. 동료가 가장 좋은 조언자이다. 내 동료가 읽고 쉽게 이해할 수 있다면 그것이 정답이다.

**God is in the simple. 결국 신은 단순함 속에 있다.**

# 5 더 효과적인 텍스트 사용법

텍스트 활용에 관한 이야기를 조금 더 해보자. 텍스트의 용도는 단순히 제목, 소주제 혹은 약간의 부연 설명에만 한정 지을 수 없다. 텍스트가 전체적인 이야기를 함축적으로 담아내고, 발표 내용에 대한 전반적인 소개, 설명 그리고 특정 부분에 대한 강조 등 핵심적인 역할을 담당할 때도 많다. 여기에 더해서 텍스트를 시각화의 핵심이라 할 수 있는 그래프나 차트와 결합하여 사용하면 효과를 극대화할 수 있다. 그래프와 차트도 필요에 따라 제목을 달아야 한다. 특히나 막대 차트 등은 X와 Y축이 무엇을 의미하는지 전달해야 할 경우도 있다. 꼭, 반드시 그래프와 차트에 텍스트가 작성되어야 한다고 할 수는 없지만, 때에 따라서는 청중의 이해를 위해 무엇인지 설명이 필요하기 마련이다. 추가 설명을 청중이 요구할 때도 있다. 그래서 발표 자료 내 텍스트는 최소화해야 하지만, 그래프와 차트에 최소한 제목은 표기할 것을 권장한다.

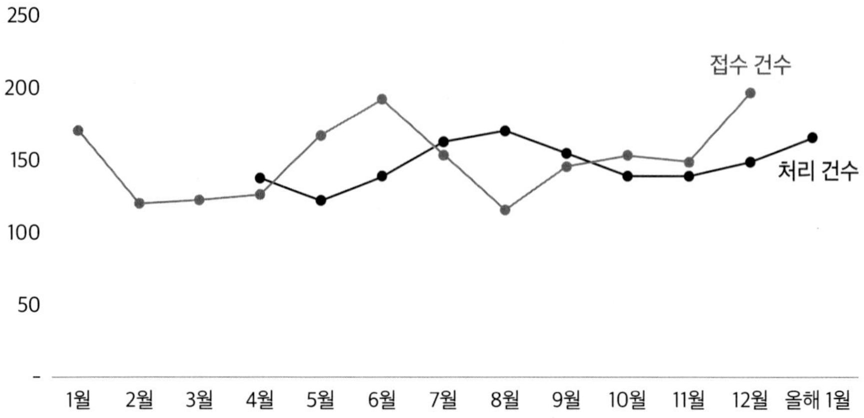


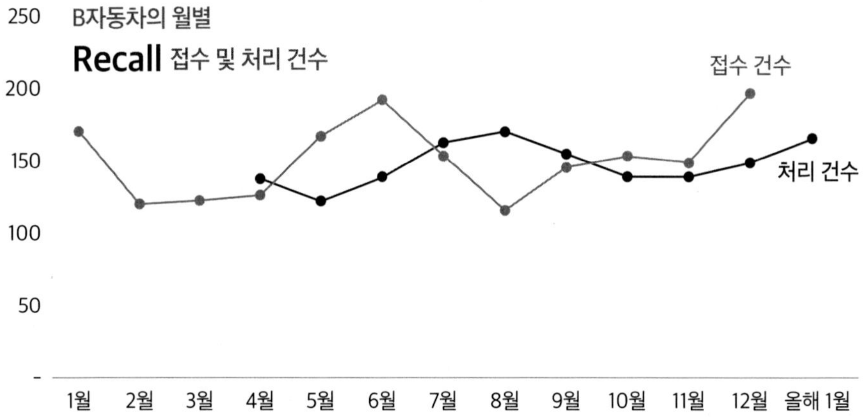


제시된 두 개 그래프의 차이점을 쉽게 발견할 수 있다. 첫 번째 그래프에서 접수 건수와 처리 건수의 흐름을 월별로 명확히 색을 구분하여 잘 표현하였다. 하지만 해당 발표가

Recall에 대한 주제 발표 자리라고 할지라도 청중은 첫 번째 그래프에서 조금은 불친절함을 느낄 수 있다. 더욱이 발표에 집중하지 않다가 갑자기 해당 페이지에 꽂힌 청중이라면 이런 질문을 할 수도 있을 것이다.

"지금 그래프는 무엇에 관한 접수와 처리인가요?"

두 번째 그래프는 제목을 넣자, 질문과 설명을 하지 않아도 쉽게 내용 파악을 할 수 있을 것 같다. 여기에 텍스트를 일부 추가하여 좀 더 친절하게 구성하면 청중이 그래프를 인지하고 이해하는 데 많은 도움을 줄 수 있다.

B자동차의 월별

**Recall** 접수 및 처리 건수

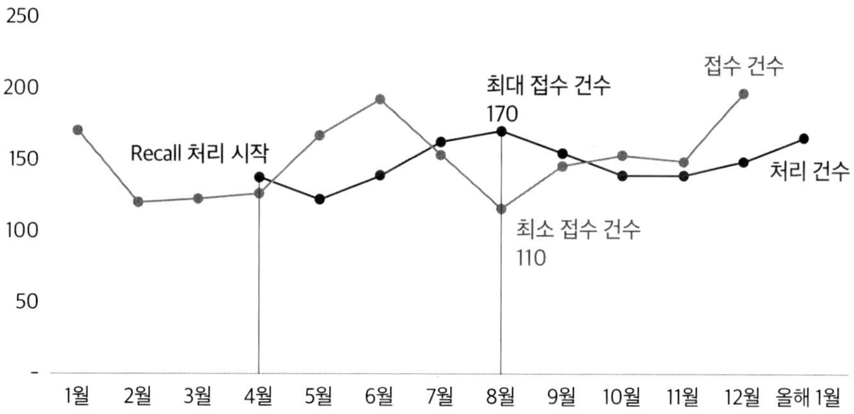

간결함, 텍스트의 최소화 등을 지속적으로 권유하였기에, 위 그래프를 보고는 조금은 당혹할 수 있겠다. 지금도 변함없이, 간결함은 발표 자료의 완성에서 가장 중요한 포인트다. 하지만 간결함만을 추구하다가 그 의미를 파악하기 힘들게 하면 곤란하다. 복잡하고 구구절절한 설명이 아니라면 텍스트를 넣어 청중의 이해를 돕는 최소한의 친절함이 필요하다.

**직관적인 텍스트로 친절함을 유지하자.**

# 6 디자인이 마음을 움직인다

이쯤에서 잠깐 돌이켜 보자. 모든 발표 자료는 되도록 화려함을 지양해야 한다. 화려하지 않다고 해서 미적인 완성도가 떨어지는 것은 아니다. 화려한 것과 미적인 것은 조금은 다른 차원이다. 모두가 미적 감각을 높일 수 없지만 청중에게 보기 편한 디자인을 구성할 수는 있다. 특히나 그래프와 차트는 발표 자료의 핵심 요소이다. 이 두 가지를 미적으로 완성도 높게 표현할 것인지 고민하는 시간이 많을수록 좋다. 그렇게 해야 발표 자료의 완성도는 높아지기 때문이다. 발표 자료의 완성도는 결과적으로 성공적인 메시지를 전달할 수 있게 해준다.

이미 언급했듯이 미적 감각은 단번에 상승하는 능력치가 아니다. 미적 감각이 뛰어난 사람이 있고 그렇지 못한 사람도 존재한다. 언제나 그렇듯 해결 방법은 많은 시간을 투자해 훈련하는 것이다. 가장 좋은 시간 투자 방법은 모방이다. 미적으로 완성도 높은 발표 자료를 많이 보고 이를 따라 하며 연습하는 것이다. 글도 많이 본 사람이 잘 쓰고 그림도 많이 본 사람이 잘 그린다.

스스로 훈련하는 방법도 있다. 몇 가지 TIP을 드리자면 먼저 색상이다. 색상의 사용과 관련해서는 이미 꽤 많은 이야기를 전달했다. 다양한 색을 사용하기보다는 최소한의 색을 사용해야 한다는 점은 여러 번 강조했다. 또 한 가지 중요한 부분이 있다. 색상은 전달하고 강조해야 할 부분을 먼저 정하고 여기에 맞는 색을 의도적으로 선택해 사용해야 한다. 단순히 청중의 눈에 잘 띄기 위해 사용하는 것이 아니다. 발표 내용의 흐름과 일관성을 유지하는 차원에서 선택한다.

다음으로 방향성의 문제다. 발표 자료에서 내용의 전개와 흐름을 가로 방향으로 유지할 것인지, 아니면 세로 방향으로 할 것인지 명확히 하고, 전체 발표 자료에 이를 일관되고 통일성 있게 관철해야 한다. 가로, 세로를 반복적으로 구성하게 되면 청중의 시선이 고정될 수 없다.

마지막은 여백이다. 더 언급하지 않아도 여백이 얼마나 중요한 역할을 담당하는지 여러분도 충분히 알고 있을 것이다. 다시 한번 기억하자. 여백을 억지로 채우는 것은 불필요한 내용을 담는 일이다.

**미적인 발표 자료의 3대장. 의도된 색상, 일관된 방향성 그리고 여백의 미!**

## 경쟁사 연령대별 고객 비율

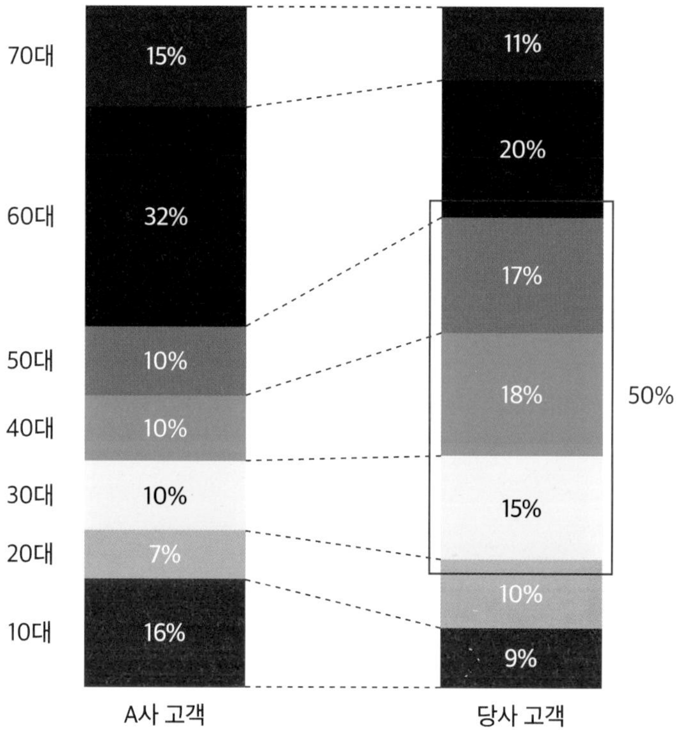


데이터 시각화 강의를 할 때, 학생들이 제출한 보고서 내용에서 가장 많이 보게 되는 그래프이다. 지금까지 책 전반에 걸쳐 강조한 내용을 전혀 충족하지 않은 그래프이다. 무지개처럼 알록달록한 색상의 사용, 무분별한 강조, 가로와 세로를 넘나드는 구성, 텍스트의 위치, 여백을 억지로 채우려는 흔적 등 꽤 많은 부분에서 부족함이 보인다.

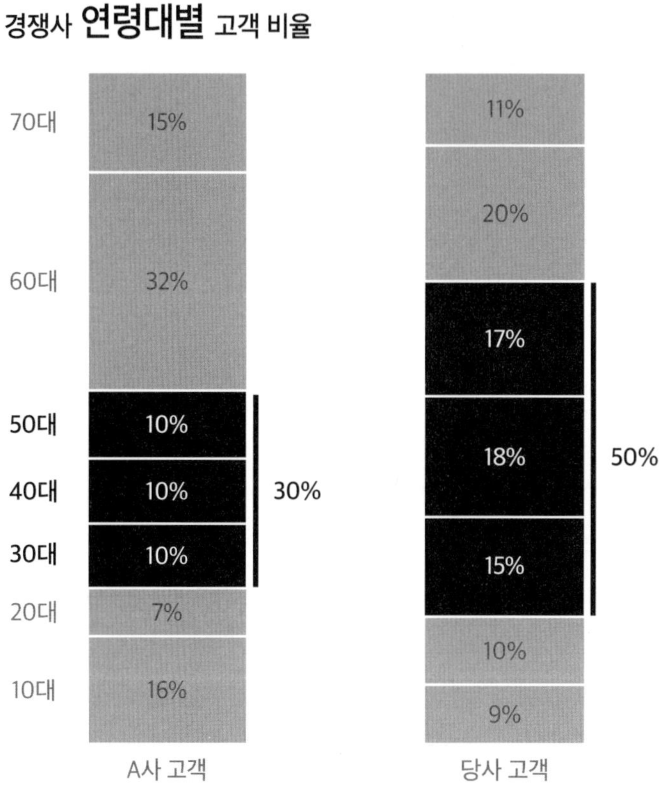


디자인 혹은 미적 감각이라는 것은 보는 사람의 시각과 판단에 따라 호불호가 나뉠 수 있다. 앞서의 화려한 디자인이 더 뛰어나다고 판단하는 분들도 충분히 있을 수 있다. 오롯이 개인의 선택 문제다. 제시된 두 그래프를 보고 여러분이 어떤 하나를 선택했다면, 그 디자인이 더 미적이고 완성도가 높다고 판단했기 때문일 것이다. 하지만 그럼에도 불구하고 두 번째 그래프가 좀 더 안정적인 디자인이라고 여러분도 생각할 것이라 믿는다.

DATA
VISUALIZATION
실무에서 바로 통하는
데이터 시각화 노하우

# #05
# 사례 학습 :
# 효과를 극대화하는
# 시각화 구성 방법

① 숫자로 시각화 극대화하기

② 테이블과 차트 효과적인 구성법

③ 다중 비교, 어떻게 해야 효과적인가?

④ 연결의 힘-점에서 선으로

⑤ 시선을 유도하라

⑥ 시나리오 만드는 방법-고객 만족도 조사

# 1 숫자로 시각화 극대화하기

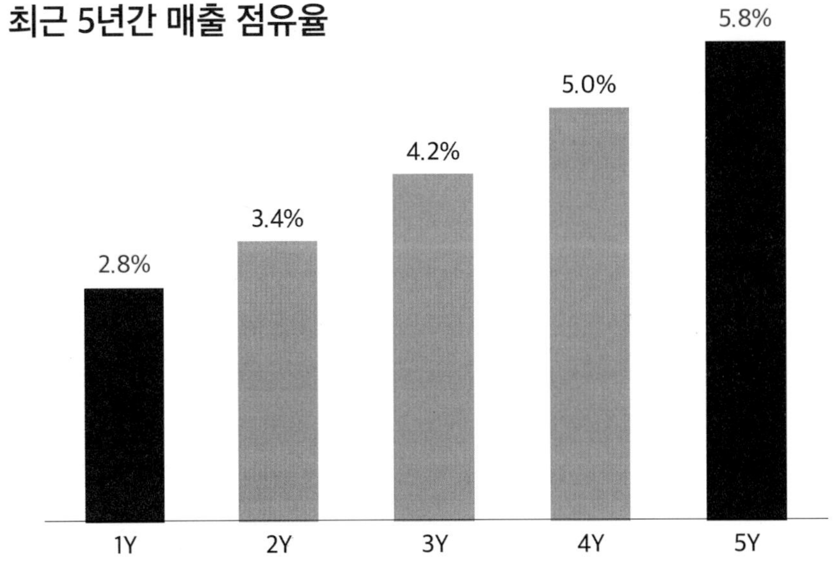

제시된 자료는 최근 5년간 한 기업의 매출 점유율을 시각화한 그래프이다. 자료를 통해 알 수 있듯이 해당 기업은 최근 5년간 매출 점유율이 꾸준히 상승하고 있다. 주어진 시각화 자료만으로도 충분히 내용을 파악할 수 있다. 좀 더 정확히 말하면 해당 시각화 자료는 표현하고자 하는 내용, 즉 점유율에 대한 최근 5년 간의 변화를 정확히 보여주기 때문에 큰 문제가 없는 자료이다. 발표 자리에 모인, 혹은 해당 자료를 받은 당사자는 이 자료를 통해 최근 5년간 점유율이 어떤 변화를 보이고, 어떻게 성장해 왔는지 단번에 확인할 수 있다.

특별히 수정해야 할 부분이 눈에 띄지 않는다. 그래도 한 가지 찾자면 제시된 점유율 수치를 그래프 안에 포함시키는 정도가 어떨까 싶다. 그리고 시각화 자료의 수정보다 전달하고자 하는 메시지의 변화, 혹은 추가적인 정보를 전달해 주면 더욱 풍성한 자료가 될 것으로 보인다. 당사의 점유율이 최근 5년간 꾸준히 상승하고 있다는 긍정적인 신호의 전달은 분명 훌륭하다. 하지만 제시된 점유율 수치가 전달하는 변화의 폭은 체감상 그리 크게 느껴지지 않는다. 연도별 변화의 폭이 단순 수치를 보아도 1% 내외이다. 넓게 1차 연도와 5차 연도를 비교해도, 2.8과 5.8의 차이는 그리 크게 느껴지지 않는다. 점유율 변화를 잘 표현하였지만, 청중이 놀랄 만큼 변화의 상대적 크기를 구현하지는 못했다는 뜻이다. 지금처럼 상승 혹은 하강의 변화를 전달해야 하는 상황이라면 그 상대적 크기를 감동적으로 전달하는 텍스트를 추가하면 더욱 효과적인 자료가 될 수 있다.

## 최근 5년간
## 매출 점유율

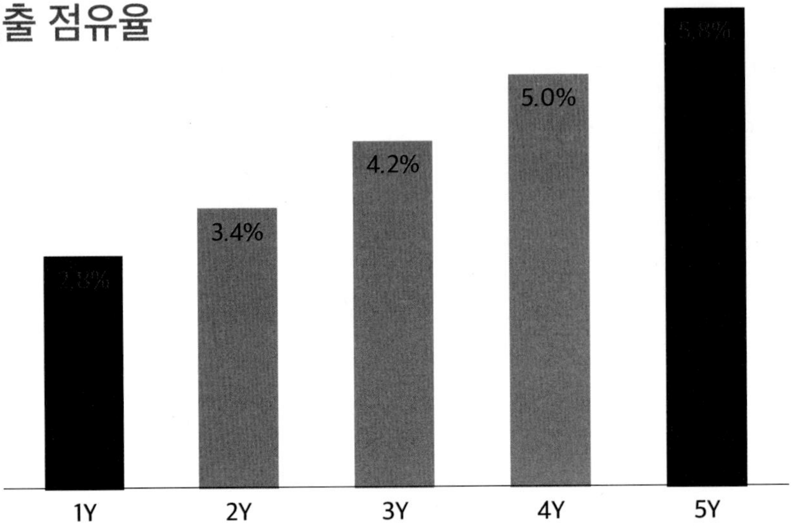


최근 5년간 **매출 점유율**의 상승폭

# 207%

매년 120%이상의 점유율 상승

막대그래프를 통해 꾸준한 성장의 흐름을 전달했다면, 바로 이어서 점유율 상승의 크기를 숫자로 시각화하여 연도별로 상대적인 상승 폭이 크다는 것을 강조하여, 청중에게 울림을 전달하는 것이다. 이러한 순차적 변화의 흐름은 정확한 수치로 상대적 크기를 시각화하여 전달하면 매우 효과적이다. 이렇게 하면 발표 자료의 완성도를 한층 높일 수 있다. 숫자를 직접 제시하는 시각화 자료는, 상대적 크기를 바로 전달하려고 할 때 매우 유용하다는 점을 꼭 기억해 두자.

# 2 테이블과 차트 효과적인 구성법

이번에 우리 회사에서 새로운 시장 진출을 모색하고 있다. 새롭게 시행한 신규 개척 시장의 조사 결과를 보고서로 제출하고자 한다.

KRW : 억원

| 지역 | 전체 시장크기 | 지역별 시장크기 | 대상 | 평균 구매비용 | 연간 구매횟수(P) | 대상 고객 수(C) | 연령대별 시장크기 |
|---|---|---|---|---|---|---|---|
| A지역 | 16,237 | 4,373 | 20대 | 45,000 | 9 | 75,600 | 310 |
| | | | 30대 | 70,000 | 10 | 260,400 | 1,751 |
| | | | 40대 | 90,000 | 7 | 176,400 | 1,114 |
| | | | 50대 | 82,000 | 7 | 220,000 | 1,197 |
| B지역 | | 4,475 | 20대 | 51,000 | 9 | 48,960 | 234 |
| | | | 30대 | 102,000 | 12 | 258,720 | 3,211 |
| | | | 40대 | 53,000 | 8 | 124,200 | 501 |
| | | | 50대 | 55,000 | 7 | 137,280 | 530 |
| C지역 | | 7,389 | 20대 | 72,000 | 9 | 113,190 | 744 |
| | | | 30대 | 90,000 | 10 | 566,580 | 5,318 |
| | | | 40대 | 68,000 | 7 | 109,200 | 553 |
| | | | 50대 | 62,000 | 7 | 184,800 | 774 |

신규로 개척할 시장을 조사한 결과, 그러니까 잠재 시장의 크기를 정리하여 표로 완성하였다. 정리된 내용이나 항목들을 볼 때 발표 자료라고 하기보다는 다수의 관련자에게 배포해야 하는 보고 자료로 보인다. 단순한 시각화 자료, 그래프 혹은 차트만으로 내용을 정확히 전달 할 수 없을 때 우리는 표를 활용하게 된다. 하지만 표는 단순 참고용으로 활용될 가능성이 높다. 발표 혹은 전달자가 아무리 꼼꼼히 잘 작성하여 전달하여도, 해당 자료에 진심으로 관심이 많은 관련자가 아니라면 대부분의 사람은 세밀하게 자료를 살피지 않을 것이다. 아마도 해당 표를 제공하기 이전에 이해를 돕기 위한 시각화 자료가 함께 전달되었을 가능성이 높다. 당연히 시각화 자료를 포함하여 전달하는 것이 효과적인 까닭이다.

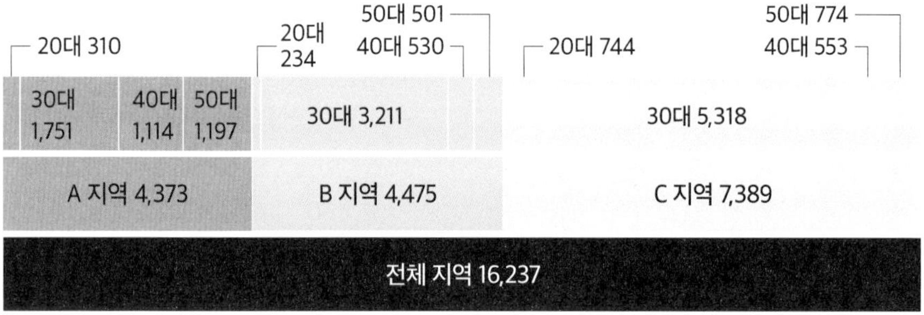

KRW : 억원

앞서 제공되었던 표와 함께 전달된 시각화 자료이다. 표에 정리된 내용을 막대그래프를 기준으로 충실히 반영하여 표현하였다. 이번에도 역시 제시된 시각화 자료에서 보완하고 수정할 부분을 찾아 조금 더 효과적인 시각화 자료로 발전시켜 보도록 하자. 제시된 시각화 자료의 핵심은 시장의 크기를 금액으로 표현한 부분이다. 전체 시장의 크기를 가장 하단에 안정적으로 배치하고, 두 번째 막대에서 지역별 크기를, 마지막 가장 위쪽 세 번째 막대에서 연령대별 크기를 금액으로 표기하여 표현하였다. 그런데 생각해 보면, 표에 나온 내용을 정말 충실히 반영해야 할지라도, 각개 항목별(전체, 지역, 연령대) 금액을 굳이 시각화 자료에서도 다시 한번 넣어야 했는지 궁금하다. 이미 표에서 전달된 내용을 또다시 시각화로 전달하면 의미가 있을까? 물론 관련자 모두가 표의 내용을 유심히 살폈을 것으로 생각하지는 않는다. 그래도 제시된 시각화 자료는 같은 내용을 형태만 달리하여 두 번 전달하는 경우가 된다.

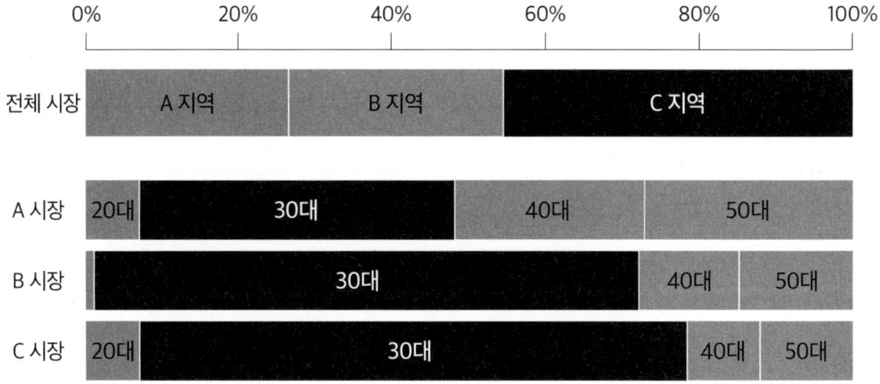


시각화 자료에 다시 변화를 주었다. 앞선 자료와 변경한 시각화 자료의 가장 큰 차이는 바로 비율이다. 금액을 모두 걷어내고 오로지 비율로 시장의 크기를 시각화하였다. 이 변화의 핵심은 표에서 전달하지 못했던 정보, 구체적으로는 시장의 크기를 비율로 시각화 자료에 나타내어 전달했다는 것이다. 전체 시장 중에서 어떤 지역이 가장 크고, 각 지역 안에서 어느 연령대가 가장 큰 시장을 형성하는지 한눈에 확인이 가능해진다. 각 시장의 크기를 금액으로 확인하고 싶다면 표에서 검토하면 된다. 관련자는 비율을 확인하며 한눈에 시장의 크기를 비교할 것이다. 그리고 난 다음 관심이 가는 지역이나 연령대에 대한 구체적인 금액별 시장 크기는 다시 테이블로 시선을 옮겨 확인할 것이다.

표도 엄연한 시각화 자료라고 할 수 있다. 표와 함께 제공하게 될 그래프와 차트 등의 내용을 신중히 검토해 보도록 하자. 중복된 내용을 두 가지 다른 형태의 시각화 자료로 굳이 제공할 필요는 없다.

# 3 다중 비교, 어떻게 해야 효과적인가?

시각화 자료를 구성할 때 다중의 항목을 비교하고, 복합적인 데이터를 함께 표현해야 하는 상황이 종종 발생한다.

리더십 교육 전/후 팀장들의 반응

## 리더십 교육은 성공적이다

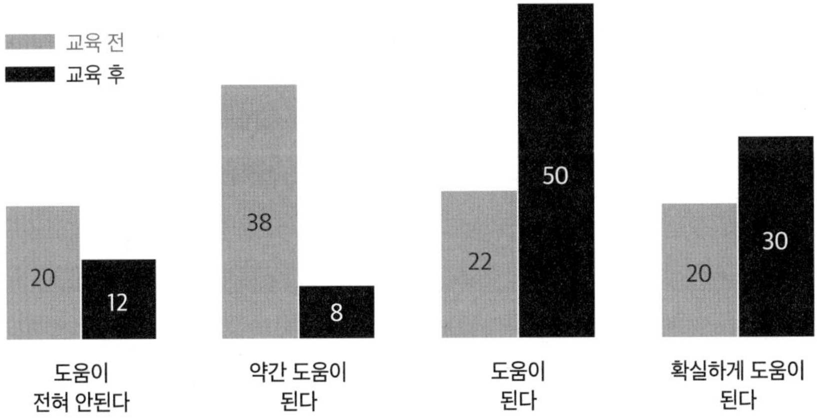


교육에 참석하는 각 부서별 팀장 100명을 대상으로 조사

제시된 시각화 자료는 최근 인사부에서 진행한 리더십 교육에 대한 사전, 사후 설문 조사 결과이다. 교육 내용이 실무에 얼마나 도움이 되었는지 4가지 척도를 기준으로 사전, 사후 결과를 비교하여 각 척도 별로 두 개의 막대 차트를 다중 비교하여 시각화하였다. 해당 시각화 자료만으로도 충분히 교육 전, 후 부서별 팀장들에게 실무에서 얼마나 도움이 되었는지 확인할 수 있다. 청중에게 설득력을 줄 수 있는 시각화 자료인 셈이다. 글자의 배치, 색상의 표현, 차트의 선택 등 여러 요소에서 특별한 흠을 발견하기 쉽지 않다. 굳이 한 가지 꼽자면 전달하고자 하는 메시지와 그래프가 조금 상이하다는 부분이다.

교육과 설문을 진행한 인사부에서 강조하고자 하는 것은 무엇일까? 그것은 아마도 교육 전과 후의 반응일 것이다. 시각화 자료의 제목에서 알 수 있듯이 이번 교육이 충분히 성공적이었다는 점을 강조하고 싶은 것이다. 따라서 지금처럼 다중의 항목을 복합적으로 담아 비교해야 할 경우 가장 우선 고려해야 할 사항은 핵심 비교 대상이 무엇인지 설정하고 아주 단순하게 비교를 유도하는 것이다. 인사부에서 강조하고자 했던 성공과 실패, 즉, 긍정적인지 부정적인지만을 전달하면 된다. 설문에 활용된 척도는 실제로 4가지였지만, 이를 시각화로 표현할 때 척도를 비교 대상으로 하지 않고 긍정과 부정의 대상으로 단순화하여 표현하는 것이다.

교육에 참석하는 각 부서별 팀장 100명을 대상으로 조사

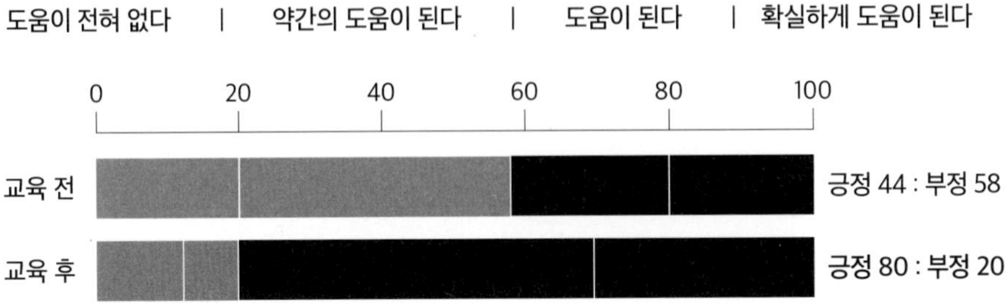


## 리더십 교육은 성공적이다

일단 세로 막대를 가로 막대로 변경하였다. 차트가 표현한 부분은 교육 전과 후 두 가지이다. 앞서 세로 막대 8개로 표현했던 부분이 단 두 개의 가로 막대로 변경되었다. 다음으로 색상이 전달하는 메시지의 변화이다. 앞선 차트에서는 교육 전과 후의 비교를 위해 설정된 색상을 이번에는 긍정과 부정의 표현을 위해 변경했다. 교육 후 긍정의 색상이 차트에서 그 전보다 더 많이 차지하고 있다. 이로써 이번 교육이 충분히 성공적이었음을 청중이 쉽게 인지할 수 있다. 물론 각 세부 항목에 관한 반응도 제시하면 좋지만, 지금처럼 교육이 성공적이었다는 것을 강조하고 싶다면 구체적으로 좋고 싫음의 반응을 표현하기보다는 전과 후의 단순 비교를 제시하는 게 더 효과적이다. 이렇게 하면 교육이 성공적이었다는 점을 부각할 수 있게 된다.

다중의 비교 항목을 그래프로 시각화할 때는 어느 항목에 비중을 높게 하여 표현할지 늘 고민해야 한다.

동일한 조사 결과를 파이 차트를 활용해 시각화해 보자.

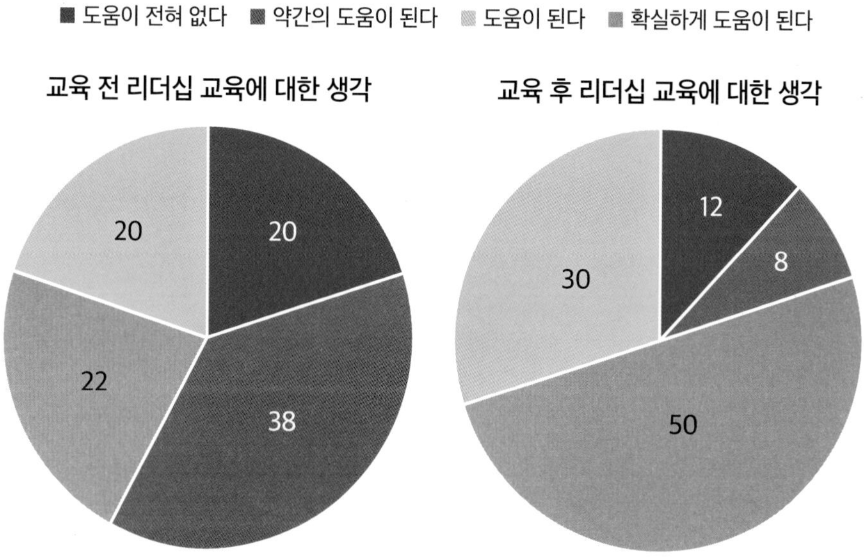


## 리더십 교육은 성공적이다

파이 차트가 가지는 문제점은 이미 여러분도 충분히 알고 있다. 물론 지금 제시한 파이 차트는 색상의 통일도 없이, 텍스트의 배치도 다소 혼란스럽게, 조금은 거부감을 느끼도록 표현한 것도 사실이다. 하지만 하나의 파이 차트로도 가독성이 확보되지 않는데, 지금처럼 2개의 파이 차트로 구성된다면 청중의 가독성은 더욱 떨어진다. 그렇다면 굳이 가독성 면에서 불리한 파이 차트를 다시 보여 주는 이유는 무엇일까? 간혹 다중 비교를 위해 사용하시는 분이 생각보다 주변에 많이 보이기 때문이다. 재차 강조하지만, 파이 차트는 정말 적절하게 사용할 차트가 존재하지 않을 때 고려해 볼 만한 차트임을 꼭 명심해 주기 바란다. 여러분은 이미 해당 시각화 자료가 어떤 내용을 담고 있으며, 어떤 점을 강조하고자 하는지 인지한 상태이기 때문에 쉽게 이해한 것처럼 느껴질 것이다. 하지만 전혀 내용을 모르고 듣는 청중은 파이 차트를 보는 순간 머릿속에서 많은 생각이 두서없이 떠오를 것이다.

한 걸음 더 나아가 보자. 사실 다중 항목을 비교할 때 반드시 차트를 사용하여 시각화할 필요는 없다. 오히려 다중 항목이라면 내가 강조하고 싶은 부분만 콕 집어 표현하는 게 더 좋다.

리더십 교육 전/후 팀장들의 반응

**리더십 교육은 매우 성공적이다**

**80%**

교육 전 긍정 44 : 부정 58

교육 후 긍정 80 : 부정 20

리더십 교육 전 **절반** 이상이 부정적인 반응

**교육 후 실무 현장에서 절대 다수가 긍정적으로 평가**

일부 조사 항목에 대한 상세 설명이 부족한 부분은 있지만, 오히려 가끔은 너무 자세한 설명보다 핵심만을 집어 간결하게 표현하는 방법이 더 효과적이다. 특히나 지금처럼 다중 항목을 비교할 때 매우 효과적이다. 정리해 보자. 다양한 항목을 조사한 결과를 발표 자료로 구성할 때는 청중이 가장 궁금해할 부분에 집중하자. 이럴 땐 긍정적인 결론에 관해 논리적 판단을 유도하는 시각화도 매우 효과적이라는 점을 기억하자.

# 4 연결의 힘 -점에서 선으로

이번에는 점과 선으로 구성되는 시각화 자료의 사례를 확인해 보자. 점과 선은 시간의 흐름에 따른 변화를 보여 줄 때 활용하면 좋은 도구이다.

| KRW 1억 | 1월 | 2월 | 3월 | 4월 | 5월 | 6월 | 7월 | 8월 | 9월 | 10월 | 11월 | 12월 |
|---|---|---|---|---|---|---|---|---|---|---|---|---|
| 전년도 매출 | 171 | 120 | 123 | 127 | 168 | 193 | 153 | 116 | 148 | 154 | 149 | 198 |
| 예측 | 162 | 135 | 141 | 129 | 125 | 155 | 181 | 163 | 131 | 142 | 152 | 150 |

작성된 표는 한 기업의 전년 매출과 올해의 매출 예측값을 기록한 것이다. 표에 작성된 내용을 바탕으로 산점도 그래프를 작성하였다.

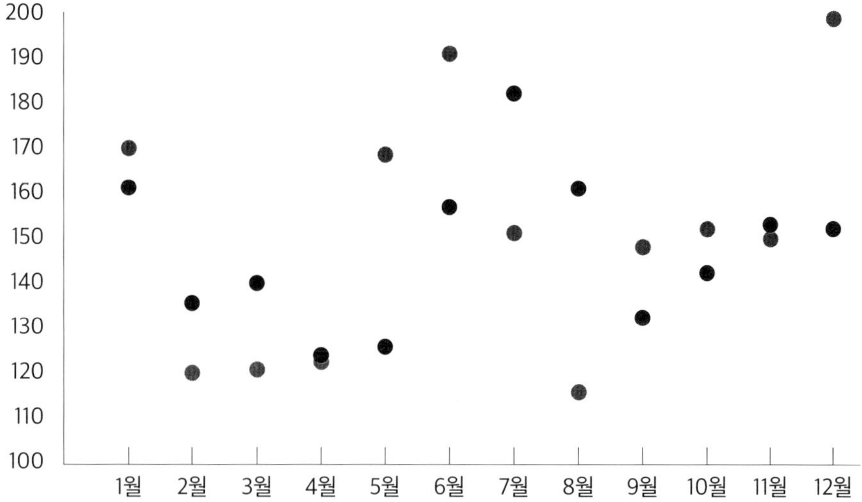


산점도로 표현된 시각화 자료에서 회색 점은 전년도 매출을, 청색 점은 올해의 예측 매출을 의미한다. 명확한 색의 대비를 통해 차이를 표현했지만, 청중이 내용을 정확히 이해하는 데 조금은 불편해 보인다. 단순하게 예측이 기존 매출보다 높은지 낮은지 여부도 쉽게 판단하기 힘들다. 그 이유는 여러분도 잘 알고 있다. 이처럼 시간의 흐름에 따른 변화는 단순한 산점도 표현이 적적하지 않다. 오히려 각각의 결과를 선으로 연결해 줌으로써 청중이 한눈에 흐름을 읽고 이해하도록 유도하는 것이 좋다.

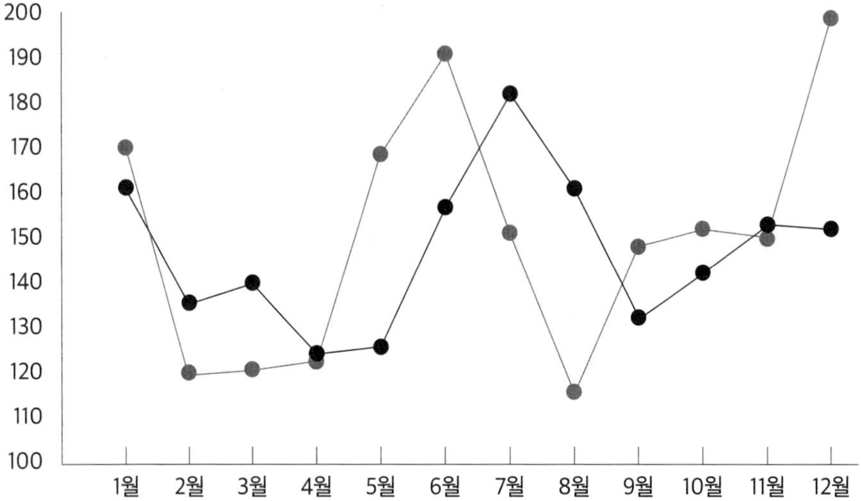


연결된 선은 다른 어떤 강조보다 강한 구체성을 갖게 된다. 점을 선으로 연결하여 비교하니 정확히 월별로, 그리고 전체적인 흐름에서 전년도 매출과 예측 매출의 차이를 손쉽게 확인할 수 있다. 만약 청중이 주목했으면 하거나 발표자가 특별히 강조할 부분이 있다면 별도의 박스로 묶어 강조해 주면 자연스럽게 시선을 유도할 수 있다.

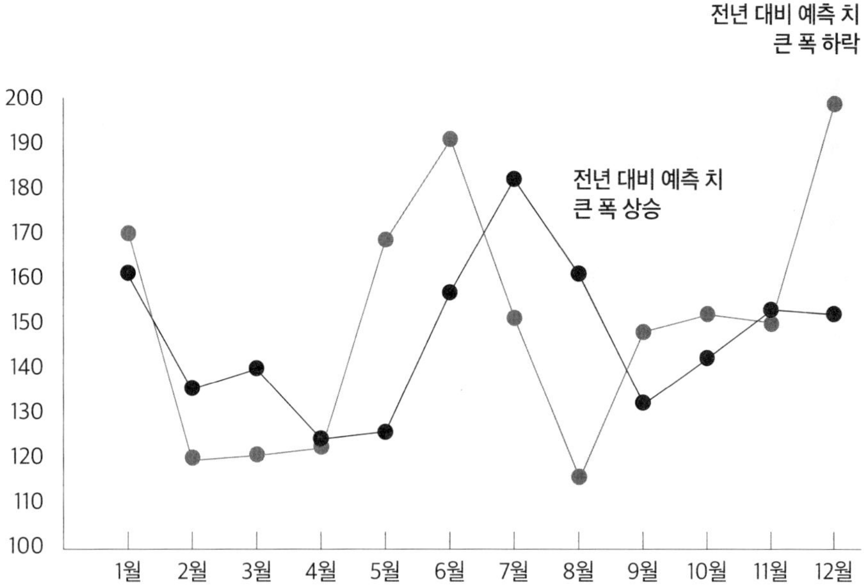


강조한 부분에 관한 부연 설명을 간략하게 추가하고, 이렇게 된 특별한 이유와 원인을 부가적으로 설명하여 청중의 관심을 높일 수도 있다. 시간의 흐름에 따른 변화를 보여주는 시각화 자료에서도 단일 항목이 아닌 매출 흐름과 같이 두 개 이상의 항목을 활용할 경우가 있다. 다중 항목이라는 점은 서로 비교가 이루어진다는 의미다. 제시된 예시처럼 전체 흐름에 대한 시각화 설명을 완료하고, 최종적으로 비교 대상이 된 전년도 매출과 올해 예측치의 차이를 명확히 확인할 수 있는 시각화 자료도 함께 제시하면 더 완성도 높은 발표 자료가 될 것이다.

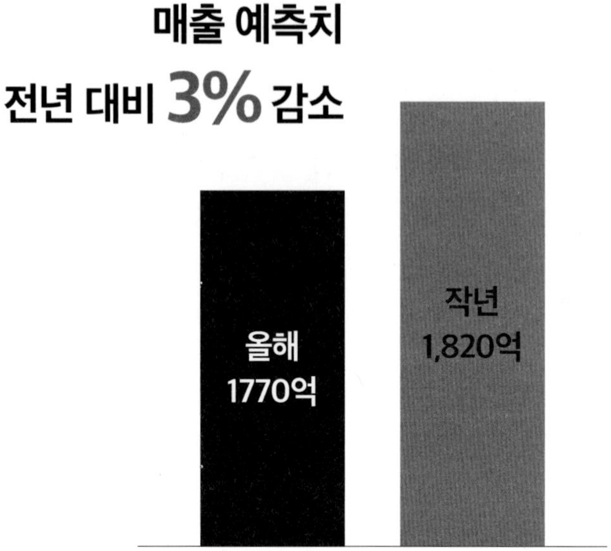
매출 예측치
전년 대비 3% 감소
올해
1770억
작년
1,820억

# 5 시선을 유도하라

테이블 자료의 활용은 단순히 회람을 위한 자료에 국한되지 않는다. 때에 따라서는 당연히 발표 자료에도 포함하여 활용하기 마련이다. 여러분도 충분히 알고 있는 것처럼 테이블에는 담기는 내용이 많다. 내용이 많다는 건 그만큼 청중의 외면을 받기 쉽다는 의미이고, 청중의 시선을 유도하기 힘들다는 뜻이다. 시각화 자료 중에서 최고의 재료는 그래프와 차트이다. 테이블로 시각화 자료를 구성하면 이 두 재료가 가지는 강력한 효과를 기대하기는 힘들다. 하지만 어떤 방법으로 테이블을 활용하는지에 따라서는 최상은 아니어도 현명한 선택은 될 수 있다. 테이블에서도 발표 시 가장 중요한 포인트는 청중의 시선을 유도하는 것이다. 자료에 집중하도록 유도하고 내가 강조하고자 하는 지점에 시선을 고정하도록 하는 일이 무엇보다 중요하다.

| 제품명 | 단가 | 수량 (BOX) | 입수량 (1BOX) | 카테고리 | 재고관리(KRW 1,000,000) | | | | 재고 비율 | 재고 일수 |
|---|---|---|---|---|---|---|---|---|---|---|
| | | | | | 재고비용 | 관리비용 | 유지비용 | 카테고리 | | |
| Item01 | 7,046 | 238 | 10 | 기초 제품 | 16.8 | 3.4 | 20.1 | 117.7 | 81% | 24 |
| Item02 | 2,952 | 104 | 16 | | 4.9 | 1.0 | 5.9 | | 108% | 18 |
| Item03 | 4,880 | 168 | 12 | | 9.8 | 2.0 | 11.8 | | 76% | 25 |
| Item04 | 4,540 | 208 | 20 | | 18.9 | 3.8 | 22.7 | | 169% | 11 |
| Item05 | 3,167 | 192 | 24 | | 14.6 | 2.9 | 17.5 | | 83% | 23 |
| Item06 | 3,065 | 490 | 22 | | 33.0 | 6.6 | 39.7 | | 34% | 55 |
| Item07 | 2,952 | 168 | 24 | 선 제품 | 11.9 | 2.4 | 14.3 | 141.9 | 67% | 29 |
| Item08 | 3,250 | 832 | 24 | | 64.9 | 13.0 | 77.9 | | 89% | 21 |
| Item09 | 2,810 | 144 | 60 | | 24.3 | 4.9 | 29.1 | | 125% | 15 |
| Item10 | 2,047 | 210 | 40 | | 17.2 | 3.4 | 20.6 | | 91% | 21 |
| Item11 | 5,792 | 288 | 24 | 클렌징 제품 | 40.0 | 8.0 | 48.0 | 122.3 | 90% | 21 |
| Item12 | 5,792 | 221 | 24 | | 30.7 | 6.1 | 36.9 | | 84% | 23 |
| Item13 | 5,792 | 224 | 24 | | 31.1 | 6.2 | 37.4 | | 80% | 24 |

제시된 테이블은 핵심 제품들에 대한 재고 관련 데이터를 정리한 것이다. 여러분은 데이터 시각화의 핵심과 기본 원칙을 충분히 알고 있다. 따라서 제시된 테이블을 그대로 시각화 자료로 활용하지 않을 것이다. 시선을 유도하고 청중에게 신호를 보내는 방법은 다양하다. 그중에서 핵심적인 세 가지를 뽑자면 색상, 크기 그리고 블록이다. 제시된 테이블에서 강조

하고 싶었던 부분이 유지비용과 재고 비율이었다고 가정해 보자.

| 제품명 | 단가 | 수량 (BOX) | 입수량 (1BOX) | 카테고리 | 재고관리(KRW 1,000,000) | | | | 재고 비율 | 재고 일수 |
|---|---|---|---|---|---|---|---|---|---|---|
| | | | | | 재고비용 | 관리비용 | 유지비용 | 카테고리 | | |
| Item01 | 7,046 | 238 | 10 | 기초 제품 | 16.8 | 3.4 | 20.1 | 117.7 | 81% | 24 |
| Item02 | 2,952 | 104 | 16 | | 4.9 | 1.0 | 5.9 | | 108% | 18 |
| Item03 | 4,880 | 168 | 12 | | 9.8 | 2.0 | 11.8 | | 76% | 25 |
| **Item04** | 4,540 | 208 | 20 | | 18.9 | 3.8 | 22.7 | | **169%** | 11 |
| Item05 | 3,167 | 192 | 24 | | 14.6 | 2.9 | 17.5 | | 83% | 23 |
| Item06 | 3,065 | 490 | 22 | | 33.0 | 6.6 | 39.7 | | 34% | 55 |
| Item07 | 2,952 | 168 | 24 | 선 제품 | 11.9 | 2.4 | 14.3 | 141.9 | 67% | 29 |
| **Item08** | 3,250 | 832 | 24 | | 64.9 | 13.0 | **77.9** | | 89% | 21 |
| Item09 | 2,810 | 144 | 60 | | 24.3 | 4.9 | 29.1 | | 125% | 15 |
| Item10 | 2,047 | 210 | 40 | | 17.2 | 3.4 | 20.6 | | 91% | 21 |
| Item11 | 5,792 | 288 | 24 | 클렌징 제품 | 40.0 | 8.0 | 48.0 | 122.3 | 90% | 21 |
| Item12 | 5,792 | 221 | 24 | | 30.7 | 6.1 | 36.9 | | 84% | 23 |
| Item13 | 5,792 | 224 | 24 | | 31.1 | 6.2 | 37.4 | | 80% | 24 |

청중은 정확하게 제시된 테이블에서 무엇을 읽고 이해해야 하는지 파악할 수 있다. 청중은 테이블에 포함된 모든 내용을 굳이 알 필요도 없고 알려고 하지도 않을 것이다. 청중은 유지 비용과 재고 비율에 시선이 끌리고 좌에서 우로 Item 04과 item 08번의 정확한 수치를 파악하게 된다. 정확히 내가 강조하고자 하는 곳에 크기, 색상 그리고 블록으로 묶어 청중의 시선이 혼란스럽지 않도록 유도했다. 청중은 자료를 통해 item 04번과 item 08이 왜 중요하게 강조되었는지 정확히 이해할 수 있다. 이제, 좀 더 강렬한 인상을 남기기 위해 제시된 내용을 바탕으로 핵심 내용을 차트로 구성해서 전달하면 된다.

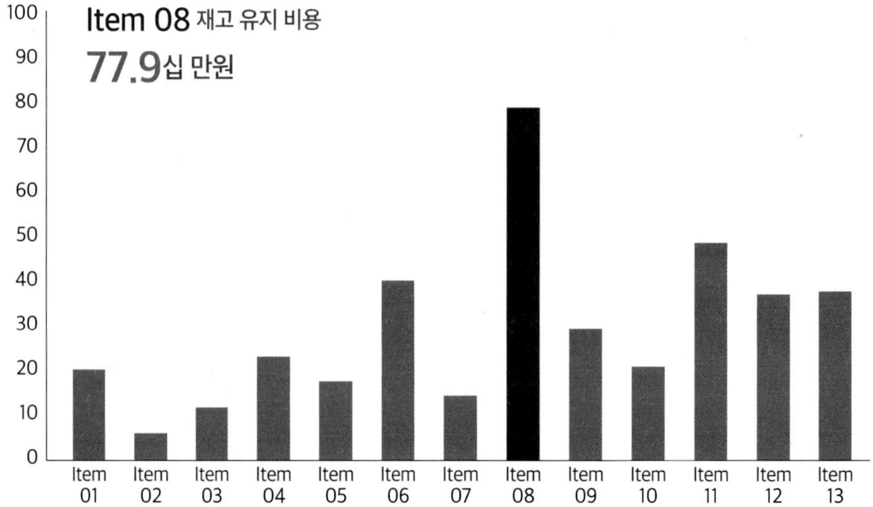

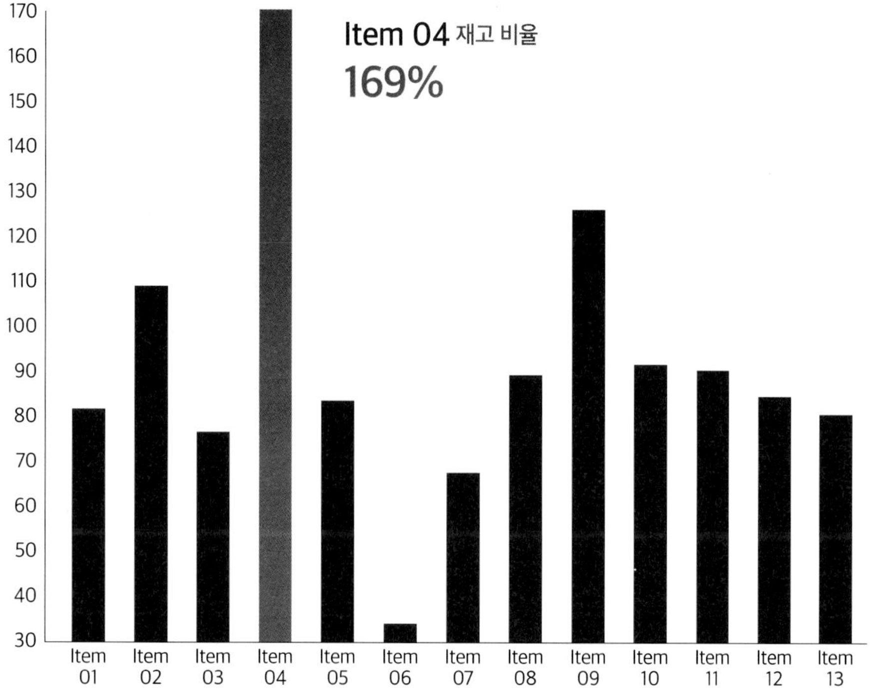


두 자료 모두 완벽한 색의 대비를 통해 강조하는 부분과 그렇지 않은 부분을 잘 표현하였다. 상대적 크기를 부각하기 위한 범주 설정에서도 비용의 경우 0부터 100까지, 비율의 경우 30부터 170까지로 하여 제법 적당하다. 하지만 몇 가지 놓친 부분이 있다. 색의 피로감이다. 강조와 비강조의 색이 모두 강렬한 색상으로 이루어져 있어서 오히려 강조의 의미가 조금은 퇴색될 수 있다. 대비의 효과가 상쇄되고 있는 것이다. 이 부분은 누차 강조한 것처럼 비강조 영역은 회색 계열의 색으로 처리하고, 강조하는 색은 원색으로 표현하면 큰 문제가 없을 것이다. 더 중요한 부분은 색의 통일성이다. 지금은 예시를 위해 2개의 차트만 시각화로 사용하였지만, 발표 자료에는 더 많은 차트가 포진할 것이다. 이때마다 매번 색의 대비를 다르게 표현하면 청중은 매번 색상을 구별하는 데에도 노력을 기울여야 한다. 청중이 최소한으로 노력하는 것도 줄여주기 위해 색상을 통일해 사용하는 것이 좋다. 긍정과 부정의 색상, 강조와 비강조의 색상을 하나로 통일해야 한다.

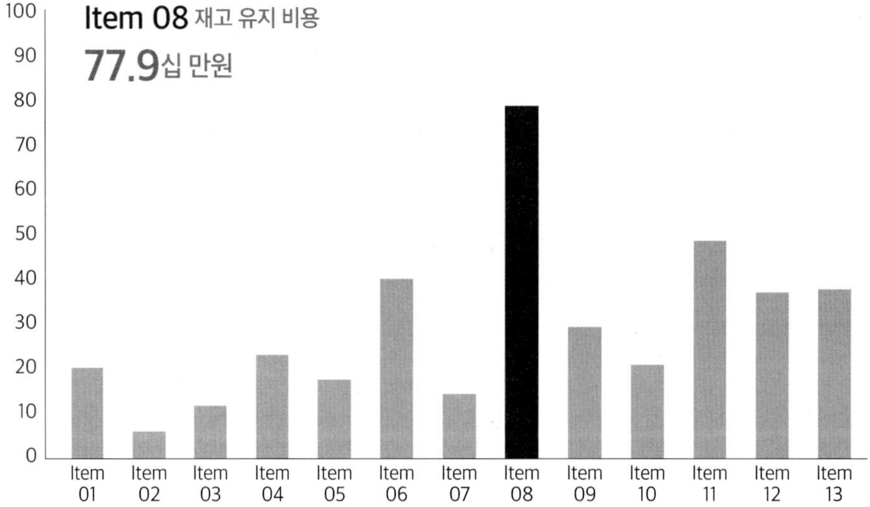

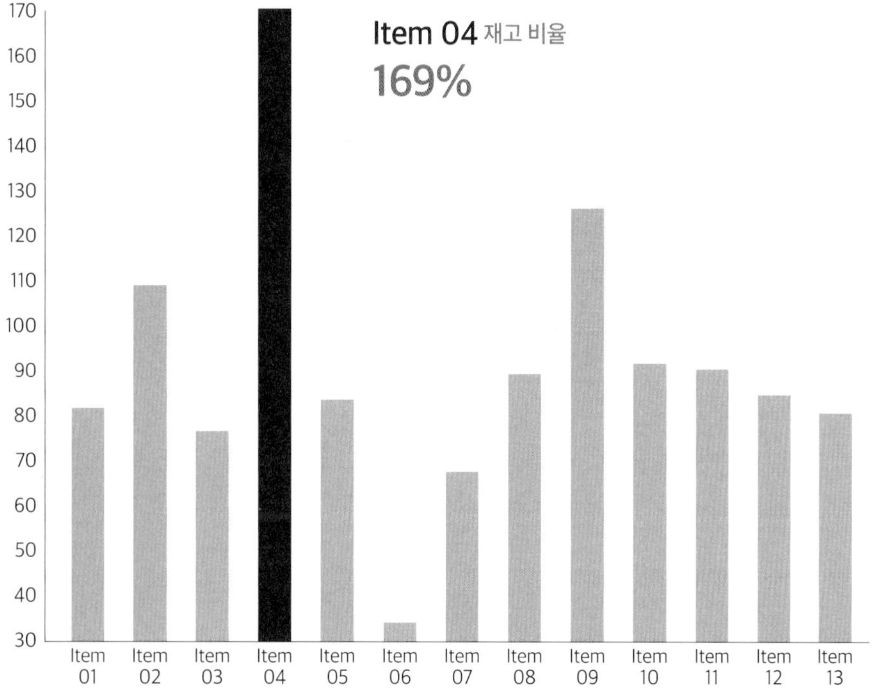


강조하고자 했던 자료의 막대는 하나의 색으로 통일하여 표현하였다. 이제 청중은 모든 발표 자료에 포함된 차트에서 강조하는 영역의 색상은 남색이라는 것을 쉽게 인지할 수 있게 된다. 청중은 이후 등장하는 모든 시각화 자료에서 남색을 찾고 자연스럽게 시선을 이동하여 해당 부분이 강조하는 영역임을 자연스럽게 인식하게 된다.

# 6 시나리오 만드는 방법 -고객 만족도 조사

자, 이제 마지막으로 가상의 시나리오를 설정하고 데이터 시각화를 완성해 가는 상황을 연출해 보도록 하자. 여러분은 상품 기획을 담당하는 부서의 핵심 요원이다. 새로운 제품의 출시를 앞두고 기존 제품들에 관한 고객 평가 및 만족도 조사를 진행하였다. 조사 결과를 정리하여 경영진에게 발표하는 상황을 가정해 보자. 발표 자료를 만들기 위해 여러분이 가장 먼저 해야 할 일이 무엇일까? 기존에 활용해 오던 PPT 자료를 열어 보는 것? 이미 짐작하고 있겠지만 이건 아니다. 여러분은 가장 먼저 상황을 정확히 이해하는 것에서 출발해야 한다. 다양한 고려 사항이 존재하지만 딱, 세 가지 사항에 대해서는 반드시 점검해 보자.

**1. 해당 발표는 누구를 위한 것인가?**

→ 지속적인 경기 불황과 코로나 여파로 기존 제품의 판매 부진이 이어지고 있다. 경영진은 신제품 출시에 앞서 기존 제품의 판매 부진 원인을 전반적으로 조사할 것을 주문하였다.

**2. 무엇을 조사하고 보고해야 하는가?**

→ 가장 먼저 소비자의 반응을 조사한 후 그 내용을 보고하라고 지시하였다.

**3. 어떻게 조사하고 발표 자료를 구성할 것인가?**

→ 중요 거점 지역별 고객 만족도 조사를 수행하고 이를 시각화하여 발표한다.

깊게 고민하지는 않더라도, 발표 자료를 만들기 전에는 늘 위 세 가지 항목에 관해 반드시 점검해 주길 바란다. 누구에게, 무엇을, 어떻게 진행할 것인지 고민하면 틀림없이 여러분이 구성하는 발표 자료의 완성도가 한층 높아질 것이다.

핵심 점검 사항에 관한 고민이 끝나고 자료 조사도 모두 완료하였다. 조사 결과를 확인한 후 이제 적절한 시각화 방법을 고민하고 선택할 차례이다. 이 순간, 가장 먼저 생각나는 차트와 그래프를 활용하여 일단 머릿속으로 구현해 보자. 한 번에 완성도 높은 자료가 나오지 않을 것이다. 훈련이라 생각하고 무작정 구현해 보자. 절대 시간을 허비하거나 낭비하는 것이 아니다. 반복하면 이도 훈련이 된다. 마침내는 최종 결과를 얻는 시간이 충분히 앞당겨질 것이다.

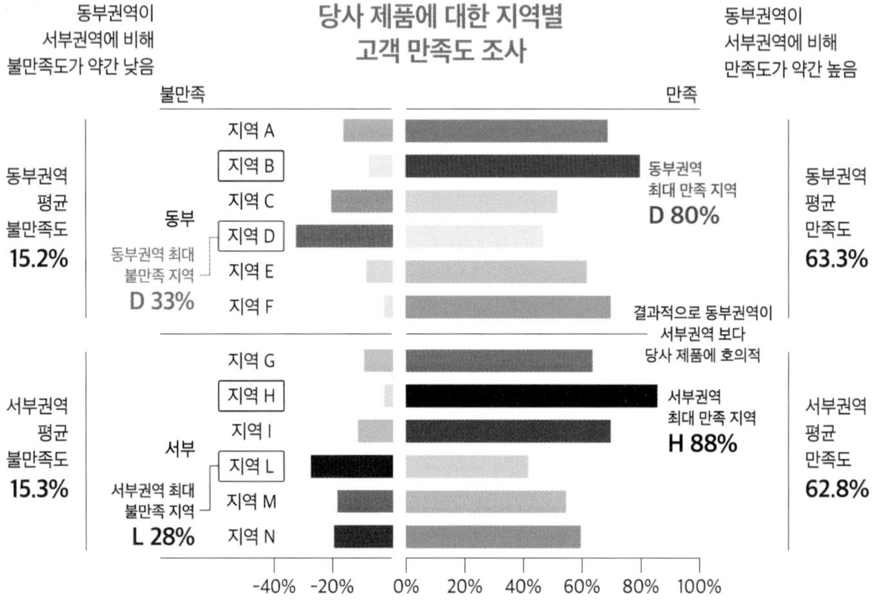


조사된 내용을 있는 그대로 모두 담아 시각화하였다. 얼핏 보기에도 근사한 시각화 자료가 완성되었다. 지역별 조사 결과에 관한 내용이 충실히 포함되어 있다. 시각화 자료의 완성도를 떠나 일차적인 시각화가 완료되면 다음으로 잡동사니를 제거해야 한다. 일차적으로 완성된 시각화 자료는 너무 많은 내용이 포함되어 있다. 우선 시각화 자료에서 꼭 필요하지 않은 부분이 무엇인지 고민해 본다. 제거 대상은 과감히 제거하고 반드시 포함해야 할 내용에 관해서는 함축적으로 담아내거나 통합하여 구성할 방법이 없는지 고민한다. 한 번에 모든 걸 제거하려고 하지 말고 하나씩 단계적으로 처리해 나간다.

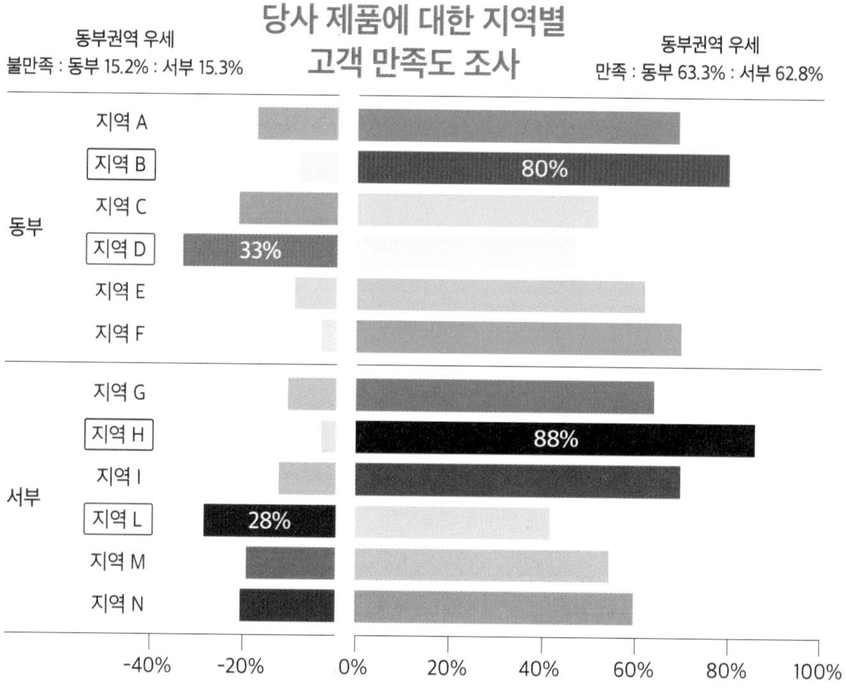


가장 눈에 띄는 변화는 각 지역별 최대, 최소 정보를 차트 안에 처리한 부분이다. 최대, 최소 정보를 별도로 구성할 때 추가된 부연 설명도 함께 제거하였기에 훨씬 간결하고 깔끔한

인상을 준다. 권역별 평균도 상단 좌, 우측의 설명과 통합하여 설명은 줄인 채 잘 구현했다. 딱 두 가지 요소를 제거 혹은 통합한 결과지만 분명 앞의 시각화 자료보다 간결해졌다.

더 고민해도 제거하거나 통합할 내용이 보이지 않는다. 지금의 상태가 최선이라면 그대로 두면 된다. 그리고 다음 단계를 진행하면 된다. 단, 반드시 하나의 시각화 자료에 모든 것이 담겨야 한다는 생각에 사로잡힐 필요도 없다. 분리가 가능하거나 더 강조하고 싶은 부분이 있다면 시각화 자료를 더 만들면 된다.

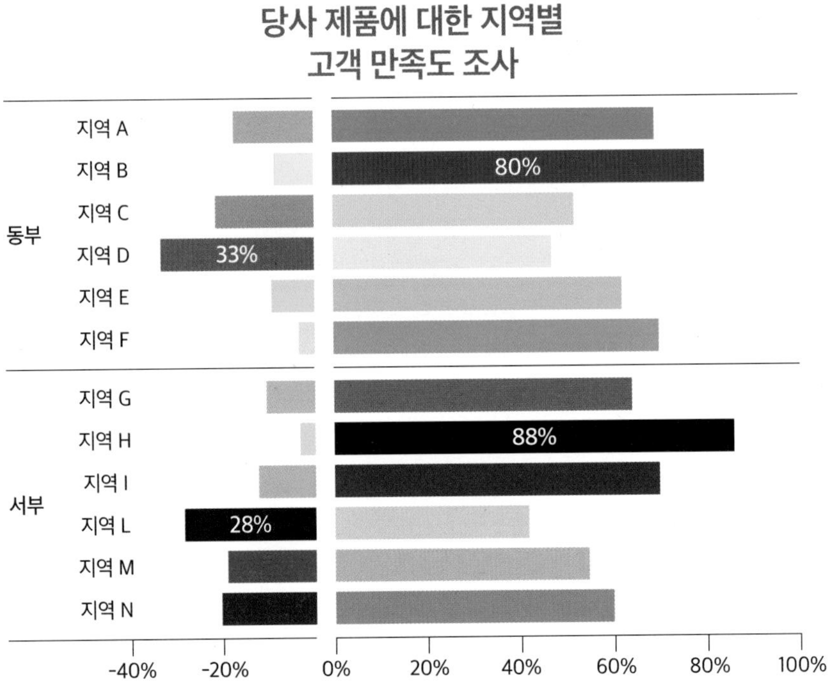

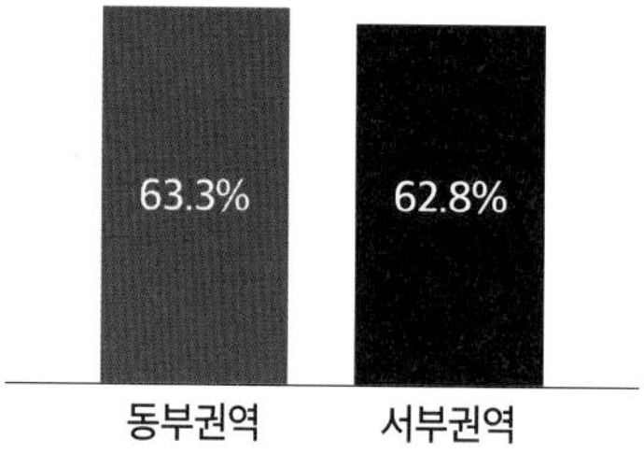


만족도 상대 비교

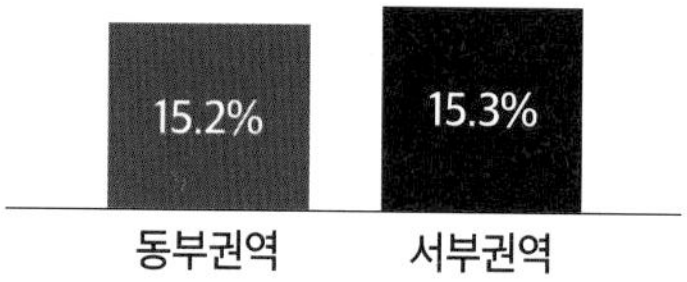


불만족도 상대 비교

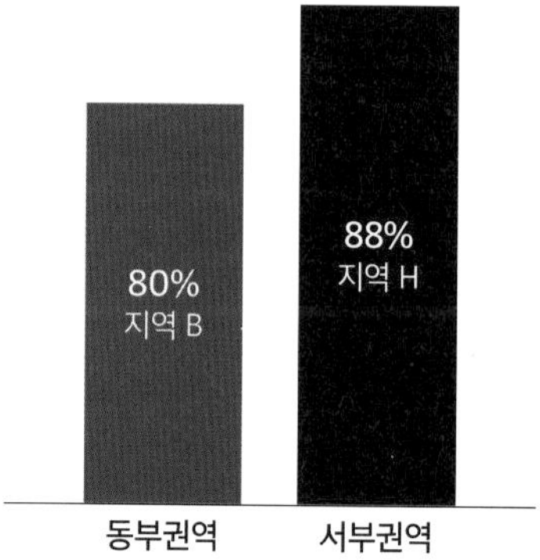


최대 만족도 상대 비교

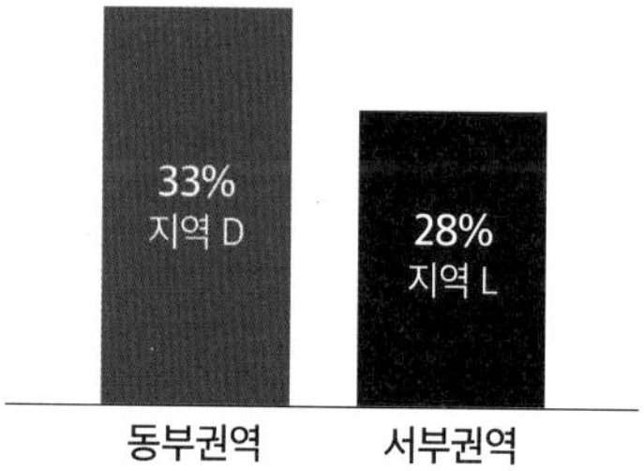


최대 불만족도 상대 비교

기본 시각화 자료에서 일부 정보를 별도로 분리하여 좀 더 간결하게 구성하였다. 메인 시각화 자료가 더욱 간결해지고 산뜻해졌다. 별도의 시각화 자료가 제공되니 설명을 위한 텍스트도 사라지고 지역을 가리키던 박스도 사라졌다.

어느 정도 불필요한 요소들을 제거했다면, 이제 현재 시각화 자료의 구성에 관해 고민해 보자. 메인 시각화 자료는 가로 막대 차트를 활용하여 만족과 불만족 대칭 구도로 구현하였다. 만족과 불만족은 서로 다른 항목이지만, 하나로 결합하여 막대 차트로 구현해 보면 어떨까?

**당사 제품에 대한 지역별 고객 만족도 조사**

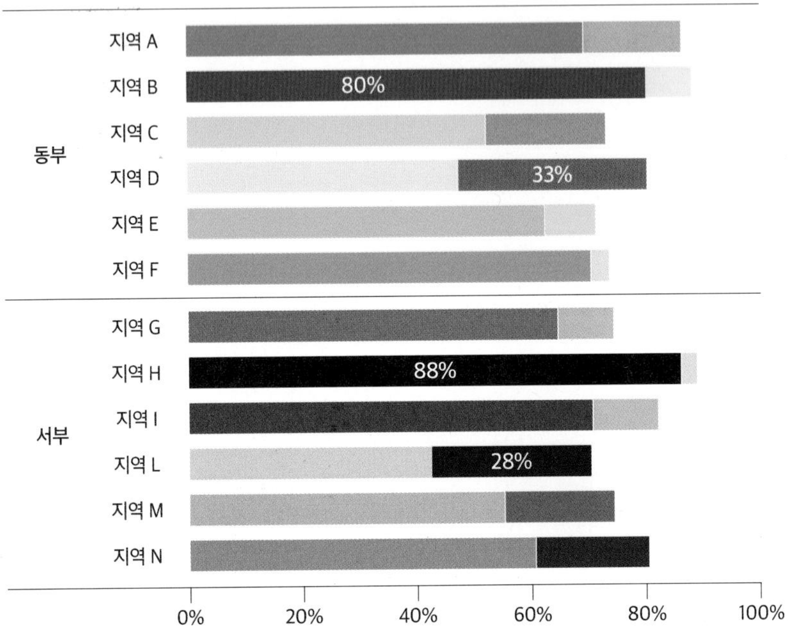


이러한 구성이 가능한 이유는 만족과 불만족의 합은 100%를 넘지 않기 때문이다. 무응답을 제외하고 두 항목의 합은 100%를 넘을 수 없다. 따라서 하나로 결합하여 구분만 해주면 큰 무리 없이 통합이 가능하다. 최초 작성된 시각화 자료와 비교해 보자. 많이 간결해진 것을 여러분도 확인할 수 있을 것이다.

다음으로 청중의 시선을 유도하는 과정에 관해 고민할 차례다. 여기까지 진행하면 이제 여러분도 무엇을 고민해야 할지 감이 올 것이다. 예상한 것처럼 색상의 변화가 필요하다. 다양한 색의 활용은 결국 혼란을 가중할 뿐이다.

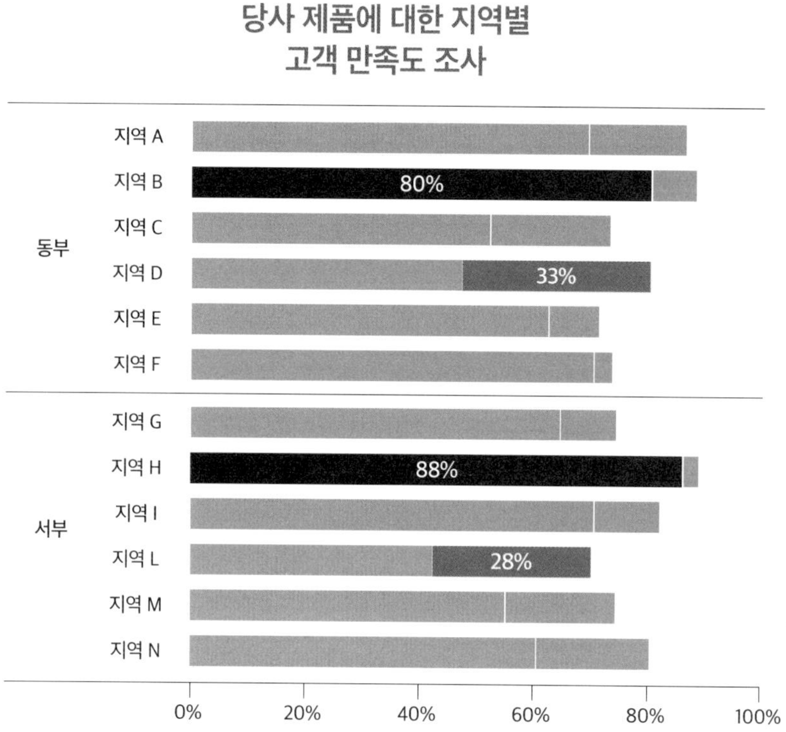


기본적으로 막대 차트 전체의 색상을 회색으로 통일하였다. 여기서 권역별로 최대 만족도와 불만족도를, 원색을 사용하여 구성하였다. 만족은 남색, 불만족은 주황색이다. 이후의 모든 시각화 자료에서 긍정과 부정은 이 두 색으로 한다. 이후의 시각화 자료에서도 청중이 긍정과 부정의 색을 구별할 수 있도록 유도하는 것이다. 이렇게 명확히 대비되는 색으로 핵심 부분을 강조하면, 앞서 부가적으로 추가한 4개의 시각화 자료에서 만족, 불만족의 최대치 상대 비교 자료는 크게 의미가 없어 보인다. 색상의 변경만으로 한눈에 확인할 수 있으므로, 굳이 추가할 필요가 없는 것이다. 당연히 타이틀의 위치도 변경해야 한다. 텍스트는 왼쪽 위 끝에 배치하는 것이 가장 효과적이다.

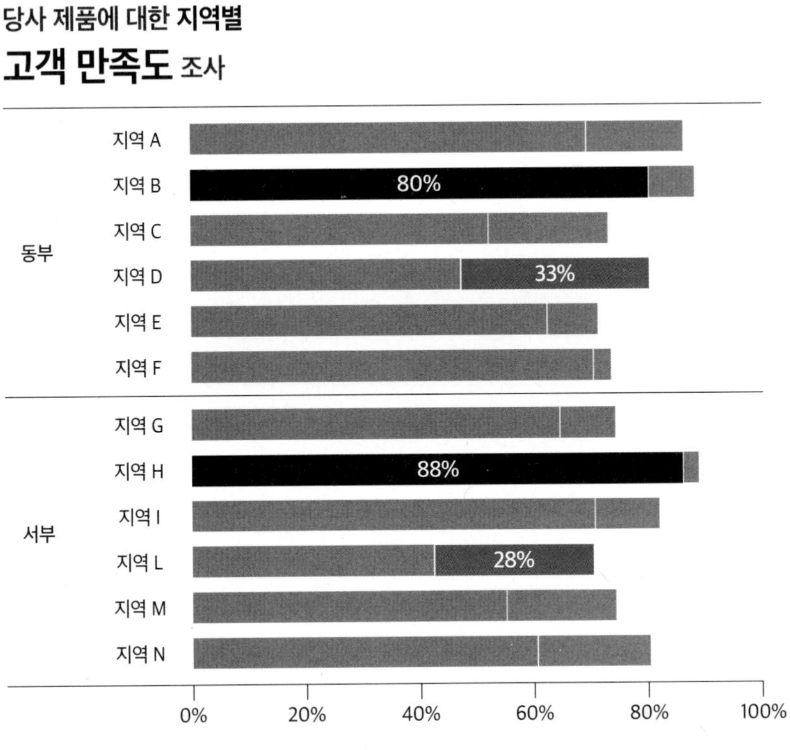


시선의 이동, 그러니까 좌에서 우로, 상단에서 하단으로 움직이는 청중의 시선을 활용하여

타이틀의 위치를 선정하였다. 타이틀은 시각화 자료의 상단 좌측에 늘 위치한다고 생각하자.

이제 부가된 시각화 자료, 앞서 권역별 최대치 비교 자료는 삭제했으니, 평균의 비교 자료에 관해 생각을 해보자. 최대치를 비교한 자료를 과감히 삭제했던 것처럼 평균의 비교도 기본 자료에 포함할 수 없을까?

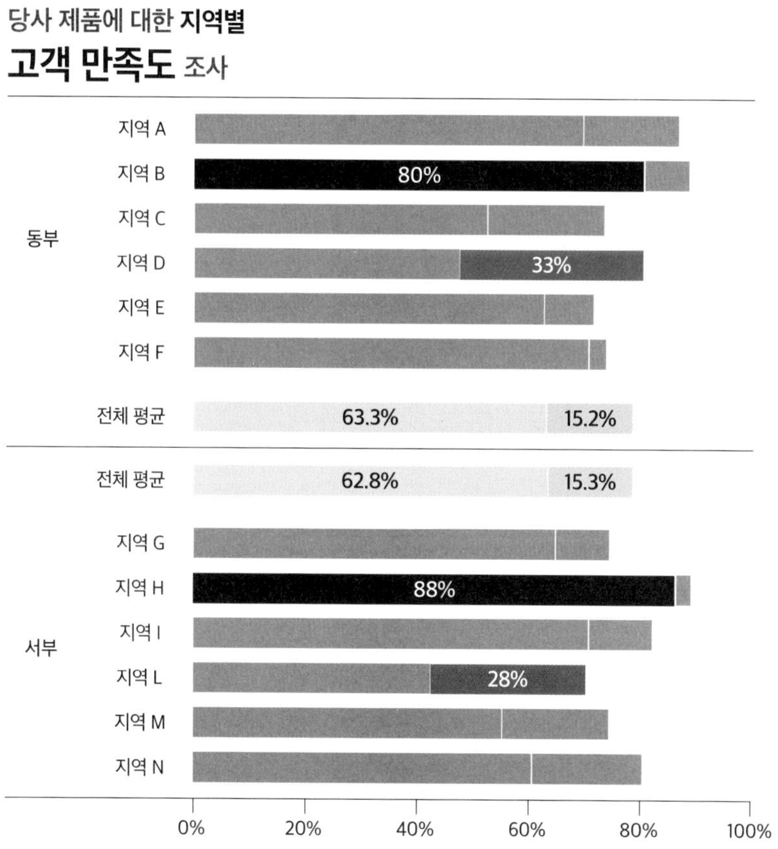

평균에 대한 상대 비교 수치도 기본 시각화 자료에 포함하였다. 각 권역 내 다른 지역과 구분되도록 조금 간격을 두고 작성했지만, 두 권역의 상대 비교가 바로 될 수 있도록 배치했다. 특히 색상에 있어 긍정과 부정의 색을 그대로 적용하여 표현하되 청중의 시선이 너무 자극받지 않도록 좀 더 옅은 색을 사용하였다. 이는 본 자료가 각 지역의 만족도를 확인하는 데 주안점을 두었다고 가정했을 경우이다. 만약 두 권역의 상대 비교가 더 중요한 가치였다면 다음과 같이 표현할 수도 있다. 여러분이 강조할 포인트가 무엇인지 신중히 고민해서 변화를 주자.

당사 제품에 대한 **지역별**

**고객 만족도** 조사

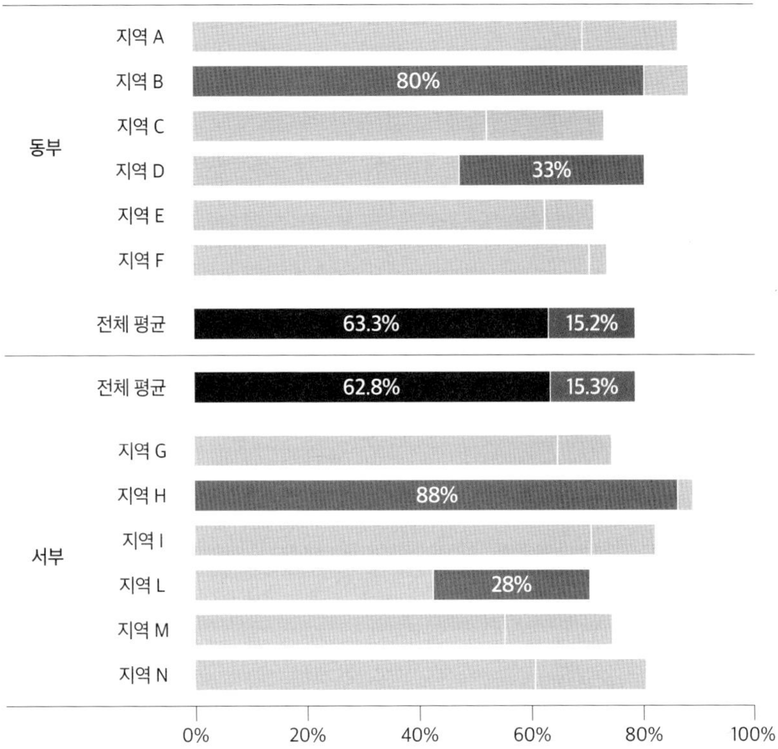


자, 이제 최종적으로 완성된 시각화 자료를 확인하고 최초 우리가 완성했던 시각화 자료와 비교해 보자. 아마도 확연한 차이를 느꼈을 것이다.

그래프와 차트를 활용하여 효과적으로 모든 내용을 담고, 강조해서 전달하고 싶은 메시지도 구현할 방법을 고민하는 것. 이것이 바로 데이터 시각화가 나아갈 방향이다.

에필로그

# 완벽한 스토리텔러가 되자

Story-Teller

주제가 무엇이든, 어느 한 주제를 선정하고 그 주제에 맞춰 이야기를 구성해 누군가에게 전달하는 과정은 생각보다 쉽지 않은 일이다. 상대가 나의 이야기에 귀를 기울이게 하려면 무엇보다 내가 전달하는 이야기가 재미있어야 한다. 아무리 주제가 좋아도 재미없는 이야기를 들어줄 청중은 없다. 최근 역사에 대해 관심을 두는 분들이 많아졌다. 나 역시도 역사에 관심이 많기에 기분이 좋다. 역사를 정확히 인식하고 올바른 가치관으로 받아들이는 것은 매우 중요하다. 이러한 인기 덕분일까? 인문학 하면 의례 역사로 연결하려는 분들도 꽤 많다. 이건 사실 인문학을 좁게 이해하는 것이지만, 어쨌든 이러한 인기를 등에 업고 역사적 이야기를 흥미롭게 풀어 이야기해 주는 강연자들이 미디어 매체에 많이 등장한다. 그들의 역사 이야기를 듣고 있으면 나도 모르게 집중하고 흥미롭게 바라본다. 그들의 이야기 속에서 희로애락(喜怒哀樂)을 모두 느낄 수 있기 때문일까? 정말 맛깔 나게 이야기를 풀어간다.

데이터 분석도 마찬가지다. 그 결과가 아무리 가치가 있다고 하여도 전달하는 과정이 흥미롭지 못하면 무용지물이 된다. 쉽고 재미있게 전달하는 능력은 많은 훈련과 풍부한 지식에서 나온다. 여기서 말하는 스토리는 친목 도모를 위해 친구들끼리 나누는 이야기가 아니다. 정글과 같은 조직 환경에서 살아남기 위해 갖추어야 하는 경쟁력 있는 이야기를 말한다.

### 중요한 것은 경청이다

이야기를 재미있게 전달하기 이전에 꼭 해야 할 일이 있다. 늘 강조하는 것이지만 그것은 경청(傾聽)이다. 상대의 이야기가 흥미로운 건 그 이야기를 경청하기 때문에 느낄 수 있는 감정이다. 나부터 상대의 이야기에 귀 기울여 듣지 않는데 상대가 내 이야기에 관심을 둘 것이라는 생각은 착각에 가깝다.

경청은 단순히 상대의 이야기를 들어주는 것에서 끝나지 않는다. 그가 말하고자 하는 의도는 무엇인지부터 시작해서 표정, 손짓 하나하나 놓치지 않고 관찰하는 자세도 포함된다. 상대가 말하고자 하는 목적과 의도를 정확히 파악하지 못했다면 그건 아마도 경청하지 않은 까닭일 것이다. 상대의 이야기를 경청하지 않고 데이터 분석이 진행되면 그 결과는 독단적인 것일 뿐만 아니라 무의미한 결과일 따름이다.

"내 실력이 뛰어나니 분석 결과가 훌륭할 것이야. 어차피 저들이 뭘 알겠어? 들으나 마나지."

이건 정말 착각이다. 조직에서의 데이터 분석은 나를 위해 하는 것이 아니다. 그 결과를 필요로 하는 혹은 결과가 필요한 구성원들의 이야기를 사전에 경청하는 것은 매우 중요하다. 나의 이익만을 추구할 것이 아니라면 상대의 이야기에 언제나 귀 기울여 경청하자. 경청이야말로 훌륭한 스토리텔러가 되는 가장 든든한 디딤돌이다.

"당신은 오늘 하루가 어떠셨나요?"

내가 수업 현장에서 스토리텔링에 대해 언급할 때 항상 하는 질문이다.

"맨날 똑같은 일상인데 뭐 특별한 일이 있겠어요? 언제나 똑같죠, 뭐."

수업에 참여한 대부분의 학생이 위와 같이 대답한다. 특별한 일이 없기에 특별히 대답할 것도 없는 게 현실이다. 하지만 이런 특별한 일 없는 상황에서도 특별한 일을 만들어 이야기할 수 있는 훈련이 바로 스토리텔링의 첫걸음이다.

거창하고 복잡하게 접근해서 정말 복잡하고 난해한 이야기를 쥐어짜 만들 필요는 없다.

먼저, 내 일상의 이야기를 특별한 일이 되도록 만들어 보고, 이를 이야기하는 훈련부터 해보자. 대화 상대가 없다면 거울을 보고 셀프 트레이닝을 하자. 그것도 부끄럽다면 잠깐 시간을 내어 기록해 보는 것도 좋다. 뭐든 기록하는 건 어휘력 향상에 많은 도움을 준다. 어휘력이 상승하면 스토리텔링 기술도 함께 상승한다.

매일 똑같은 나의 일상을 3분짜리 이야기로 만드는 작업은 쉽지 않을 것이다. 스토리텔링은 내 이야기를 내가 만들고 나에게 하는 것을 목적으로 하지 않는다. 누군가에게 흥미로운 이야깃거리를 전달하고자 하는 것이 목적이다. 그래도 내 일상의 이야기를 만드는 훈련을 게을리하지 말기를 부탁드린다. 내 일상의 이야기도 들어줄 누군가가 반드시 생긴다. 무엇보다 어휘력! 기록이 곧 어휘력이 된다.

### 듣는 사람을 헤아리자

"왜 내가 지금 여기서 시간도 없는데 당신의 이야기를 들어야 하는 거죠?"

이 질문에 답을 찾는 것이 스토리텔링 훈련의 첫 번째 과제다.

"아니 바쁜 사람들 모아 놓고 뭐 하는 거야?"

이런 소리 듣지 않으려면 이번 단락의 첫 문장에 제시한 과제를 성실히 풀어 해답을 찾아야 한다. 두 가지 포인트로 접근할 수 있다. 먼저 당신의 이야기에 대한 관심이다. 당신이 열심히 분석해서 얻은 결론을 발표하는 자리. 그곳에 모인 많은 사람들에게 당신의 이야기가 얼마나 긍정적인 피드백을 얻을 수 있을지 고민해야 한다. 정말 관심이 있어서 모인 사람도, 등에 떠밀려 모인 사람도, 시간을 때우기 위해 모인 사람도, 그 밖의 어떤 사람도 당신의 이야기에 긍정적인 반응을 보이도록 노력해야 한다.

"에이, 그거야 당연히 분석한 결과가 좋으면 긍정적인 반응을 자연스럽게 받지 않을까요?"

맞는 말이다. 그러나 결과가 나쁘면 언제나 부정적인 반응을 받아야 할까? 부정적인 결과에도 긍정적인 반응을 끌어 내야 한다.

발표하고자 하는 핵심 결론은 모임의 성격과 목적이 공유될 때 이미 공표된다. 대부분이 그렇다. 이미 그 자리에 참석할 때는 내가 왜 참석하는지 알고 온다. 사람들은 어떤 결론 때문에 모인 것인지 이미 알고 있다. 그 결과에 대해서는 부정적인 태도를 가진 사람도 있을 것이고, 긍정적으로 받아들이는 사람도 있을 것이다. 그래서 과정에 집중해야 한다. 특히 부정적인 결론에 놓일 사람들의 마음을 헤아려야 한다. 낙담한 사람들을 위해 그들에게 전해 줄 희망적인 메시지를 생각해 두자. 그러면 발표한 내용에 대해 아쉬운 대로 긍정적인 반응을 보일 것이다.

"영업2팀은 이번 4분기 영업 실적이 목표 대비 85%에 그치고 말았네요. 하지만 급작스레 2명의 인원이 빠진 상황을 고려하면 인원 대비 효율성 면에서는 최고 실적을 보였습니다. 팀 전체적인 성과는 부진했지만, 개인별 성과에서는 꽤 만족스러운 보상을 받으시겠어요."

### 청자의 시간을 소중히 여기자

두 번째 해답은 시간이다. 금쪽같은 시간을 내어 왔는데 지루하고 소득 없는 이야기를 듣고 나온다면 기분이 어떨까?

어떤 조직이든 회의 시간이 30분을 넘게 되면 이미 그 회의는 비생산적이었다는 것을 의미한다. 주제도 사라지고 아무 말 대잔치가 열리게 되는 것이다. 빈 수레가 요란하다고 회의 시간 내내 주야장천 떠들어 대는 사람이 반드시 있다. 말을 너무 많이 하다 보니 말이 꼬리에 꼬리를 물고 이어져 말하고자 하는 취지가 훼손되거나 맥락을 잃게 된다.

어떤 모임이 강연이나 강의를 목적으로 한 것이 아니라면, 어떤 주제에 관한 발표이든 10분, 혹은 길어야 20분을 넘지 않도록 해야 한다. 따라서 시간을 적절히 배정해야 한다. 내가 말하고자 하는 바가 처음부터 마지막까지 하나의 목표를 향해 가도록 일관된 시나리오를 가지고 이야기를 풀어가야 한다. 시간이 길어지면 누구나 집중력이 흐트러진다. 최대한 짧은 시간에 효과적인 이야기를 하는 연습을 충분히 해두면 좋다.

시간의 적절한 배정만큼이나 중요한 게 발표 때 하는 첫 문장이다. 내가 사용한 첫 문장이 그 발표의 마지막을 결정해 준다. 모두가 공감하고 좋아할 만한 것을 첫 문장으로 시작해 보면 좋다.

"벚꽃 보셨어요? 완전 활짝 폈던데. 우리 실적도 활짝 필 날이 곧 오겠죠?"

### 청자에게 깊은 인상을 주자

지금까지 내 영화 목록에서 가장 높은 곳에 위치한 영화는 왕가위 감독의 <화양연화>이다. 아쉽게도 지금까지 이 영화를 무너뜨릴 만한 로맨스 영화를 보질 못했다. 영화 전반에 걸쳐 흐르는 그 아름다운 색채에 반하고 여자 주인공 장만옥의 연기와 캐릭터, 미모에 두 번 반한 영화다.

또 하나를 뽑자면 역시나 장만옥이 나왔던, 그리고 역시나 왕가위 감독의 영화 <아비정전>이다. 이 영화는 앞선 영화만큼 영화 전체 내용에 반하지는 않았는데 딱 한 부분 기억 속에 사라지지 않는 장면이 있기에 소개하고 싶다. 여기까지 이야기하면, 대부분 "아, 그 장국영이 속옷 차림으로 춤추던 장면 말이죠? 그거 너무 유명하잖아요."라고 말하는데, 미안하지만 그 장면이 아니다. 내가 뽑은 최고의 장면은 남자 주인공이었던 아비 역의 장국영이 장만옥을 유혹하기 위해 나눈 대화 장면이다. 장국영은 장만옥을 보고 아무 이유 없이 그냥 친해지고 싶다고 말한다. 그리고는 "난 당신과 그냥 친해지고 싶어요. 우리 각자 시계를 봐요. 약 1분간만요."라고 말한다. 그리고 두 사람은 아무 말 없이 서로의 시계를 바라본다. 그렇게 짧지 않은 1분이 흐른 뒤, 장국영이 계속 이야기한다.

"1960년 4월 16일. 그대 덕에 나는 언제나 이 순간이 기억나겠어요. 그러니 지금부터 우린 친구예요. 당신도 동의하죠?"

바로 이 장면이었다. 1분은 매우 짧은 시간이다. 그 짧은 시간이 영화 속 장만옥에게도 그리고 지금까지 나에게도 영원히 기억된 1분이 되었다.

뜬금없이 영화 이야기를 왜 했냐고? 소중한 시간을 내어준 그들에게 혹은 누군가에게 지금을 기억할 만한 인상 깊은 순간을 만들어 주도록 노력해 보자는 뜻에서 한 말이다. 매번 기억에 남는 순간을 만들 순 없지만, 매번 그런 순간을 만들기 위해 노력을 한다면 당신의 발표를 기다리지는 못해도 불편하게 생각할 사람은 많이 사라질 것이다. 인상 깊은 순간을 만들기 위해 반드시 말해야만 하는 건 아니다. 어느 한 동작에서도 아니면 당신이 분석해 온 결과에서도 찾을 수 있다.

이 부분은 완벽한 스토리텔러가 되는 과정에서 가장 어려운 일이라고 생각한다. 정확한 방향을 제시해 주기도 나 역시 벅차다. 결론은 역시 독서가 정답이다. 독서를 통해 얻은 지식과 대리 경험을 바탕으로 많은 훈련을 각자 해 주길 간곡히 바란다. 단, 너무 인상 깊은 시간을 만들고자 엉뚱한 행동 또는 언행을 하는 부작용이 있을 수 있으므로, 완벽히 훈련하고 연습하여 내 것이 되기 전에는 조심스러운 접근이 필요하다.

### 질문을 던지자

당신의 이야기에 관심을 두고 시간까지 내주었다면 이제 모인 사람들과 함께 호흡해야 할 차례다. 가장 효과적인 방법은 질문을 던지는 것이다. 발표하는 중간중간에 질문을 한다.

"이 부분에 투입된 데이터는 잘 선택된 건 거죠?" 혹은 "분석 결과가 원하는 수치보다 조금 낮게 나왔는데, 큰 문제가 없을까요?"라고 말이다.

질문은 듣는 사람이 동조하고 동의할 수 있는 것이어야 한다. 상대가 전혀 대답할 수 없는 어려운 질문이나 본인도 정작 모르는 질문을 던지면 안 된다. 또는 매출에 관해 이야기하며 재고에 관해 묻는다던가, 이익률에 관해 발표하며 손실 비용에 관해 묻는 등의 주제와 상관없는 질문을 하는 경우도 조심해야 한다.

반대의 상황도 있을 수 있다. 청자가 당신에게 질문을 던질 수도 있다는 뜻이다.

"그 분석할 때 왜 특별품에 대해서는 고려하지 않았죠?"

"그 부분은 고객이 자주 사양을 변경하는데 변경 사항에 관한 부분은 반영이 된 건가요?"

이런 경우를 대비해 만반의 준비를 해야 한다. 주제와 관련된 부분에 대해서는 깊이 있고 폭넓게 확인한 후 발표에 임해야 한다. 오로지 내 발표 내용과 분석 결과만 생각한 채 관련된 사항을 놓쳐 버리면 결과에 대한 신뢰를 얻기 힘들다. 또한 동의를 구하기도 힘들어진다. 그래서 데이터 분석은 결과를 얻기 위해 앞만 보고 달리는 것보다 주변 경치를 꼼꼼히 살피며 여유 있는 발걸음으로 나아가는 것이 더 현명하다.

### 듣는 사람과 눈높이를 맞춰라

나의 발표를 보고 듣는 관객과 호흡할 때 갖추어야 할 덕목이 하나 더 있다. 바로 대상과 눈높이를 맞추는 것이다.

"이번 Support Vector Machine을 활용할 때 Kennel은 Radial Bias Function을 활용하였습니다."

듣는 사람들은 이런 생각을 할 것이다.

"도대체 뭔 소리야?"

앞서 말했듯 어려운 용어를 섞어 이야기한다고 말을 잘하는 것이 아니다. 청중이 멋지고 훌륭하다고 손뼉 쳐줄 거라고 착각하면 안 된다. 나를 포함한 데이터 분석가들이 가장 빠지기 쉬운 함정이 바로 이 부분이다. 자신들만의 용어를 사용하면 상대가 근사하게 생각할 거라고 착각하는 것이다. 재차 강조하지만 절대 그렇지 않다. 오히려 더욱 관심에서 멀어지는 계기가 될 수 있다. 아, 혹시 멀어지고 싶은 사람 있다면 그 사람에게 위와 같이 설명하면 그와 거리를 두는 좋은 방법이 될 수는 있겠다.

또 하나는 내 발표를 들어줄 구성원의 수준 혹은 조직이 어디인지를 정확히 알고 설명하는 것이다. 재무 부서와 이야기하며 생산 기술 관련 용어를 사용하거나 인사팀에서 총무 이야기를 하는 엉뚱한 상황을 주의해야 한다. 그들이 알아듣는다고 하여도 크게 관심을 두지는 않는다. 중학생을 대상으로 강의하며 취업 얘기를 한들 그들에게는 크게 와 닿지 않는다.

### 긴장감을 유지하라

다음으로 생각해 볼 부분은 긴장감이다. 발표 주제와 목적에만 너무 집중한 나머지 시종일관 무겁고 어두운 분위기를 조성해선 안 된다. 반대로 주제는 무거운데 관심받고 싶다고 가볍게 분위기를 유지해도 곤란하다. 발표장의 분위기는 팽팽한 줄다리기와 같아야 한다.

"유머러스한 사람이 인기가 좋다?"

그건 어디까지나 사적인 모임에서나 가능한 이야기다. 물론 필요에 따라 긴장감을 적절히 조율하기 위해 던지는 위트 넘치는 한마디는 필요하다. 하지만 그 타이밍을 적절히 찾아야 한다. 집중해서 정곡을 찌르는 이야기를 할 때 우스갯소리를 던진다던가, 반대로 가벼운 분위기에 찬물 끼얹듯 무겁고 어두운 이야기를 갑자기 꺼내면 발표의 실효성이 뚝 떨어지게 된다.

긴장감을 유지하기 위해서는 적절한 타이밍이 중요하다. 어차피 모든 내용은 말로 전달하게 된다. 그 안에 숨은 분석 기법과 알고리즘을 설명하지 않을 것이라면 분위기 반전을 위한 적당한 줄다리기는 필수적이다.

### 주인공은 내가 아니라 듣는 사람이다

"우와, 내가 이렇게 어려운 방법론을 활용해 이렇게 멋진 가치를 도출해 내다니. 역시 난 대단해. 아니 데이터 수집 과정은 또 얼마나 힘들었어?"

분석을 위해 애쓴 당신의 노고에 박수를 보낸다. 하지만 발표 과정에서 나를 영웅으로 만드는 것은 금물이다. 누차 강조하지만 당신이 가진 그 멋진 분석 능력은 말하지 않아도 다 안다. 그러니 굳이 발표 과정에서 히어로가 되겠다는 생각은 잠시 접어 두도록 하자. 모인 사람들이 원하는 결과를 얻었거나 해당 발표에 좋은 피드백을 받았다면 당신은 자연스럽게 히어로가 된다.

모임의 주인공은 당신이 아니라 그곳에 관심을 두고 시간을 내어 모여준 청중들이다.

### 발표 시나리오를 만들어라

종합해 보면, 누군가에게 내 분석 결과를 발표하고자 할 때는, 발표 효과를 극대화하기 위한 시나리오를 먼저 완성해야 한다는 점이다. 주어진 시간 안에 청중에게 도움이 되고 더불어 인상 깊은 인상을 주기 원한다면 어떻게 하는 게 효과적일지 먼저 고민해야 한다. 사전에 발표 시나리오, 곧 구성을 완성하고 충분히 연습해야 하는 것이다.

먼저 어떤 데이터를 활용하여 어떤 분석을, 왜 수행했는지 간략한 결론을 반영하여 이야기한다. 선택된 데이터가 결론을 위해 왜 필요하고 부합되는 것인지 간략하게 설명해 준다. 어떤 도구 또는 방법론을 활용하여 결론을 도출했는지 아주 간략하게 언급하면 된다. 너무 구체적이면 관심도가 떨어진다. 전문적인 용어보다 해당 기법이 어떤 분야에 활용되는 것이고, 그 기법이 이 분석 결과를 얻는 데 얼마나 타당한 도구인지를 중심에 두고 포인트만 설명한다.

다음으로는 이 분석을 수행하면서 어떤 어려움이 있었는지도 알려준다. 데이터의 수집 과정 혹은 분석 과정의 어려움 등을 설명하되 이 역시 너무 많은 시간을 할애해 이야기할 필요는 없다. 이때엔 어려움도 있었지만 만족스러운 결과가 도출되었다는 점을 부각하는 일종의 부연 설명 정도로 다룬다. 이런 어려움을 극복하기 위해 어떤 방법을 활용하고 고민했는지도 추가하여 잠시 언급하면 좋다.

마지막엔 당연히 결론을 이야기한다. 결론을 말할 때는 다시 한번 주제에 대해 언급한다. 이 주제에 어울리는 결론이 이렇게 나왔다는 점을 다시 상기시키는 것이다. 결론을 이야기할 때는 적절한 긴장감을 유지하면서도, 분위기 전환을 위한 가벼운 이야기를 적절히 조합해 이야기하면 더욱 효과적이다.

내가 수행한 데이터 분석 결과를 상대방에게 전달할 때는 일방적으로 통보하듯 강요해서는 안 된다. 전체적인 발표의 흐름과 맥락을 위와 같이 설정하고 준비하면 많은 도움이 된다. 메시지를 효과적으로 전달하기 위해서는 잘 짜인 시나리오에 따라 강조할 부분과 힘을 뺄 부분을 적절하게 조합하여 설명해야 한다는 점을 꼭 기억해 두자.

**짧고 간결하게 말하라**

뭐니 뭐니 해도 이야기는 재미가 있어야 한다.

"저 친구 참, 말 잘해."

이 문장 안에는 말을 참 재미있게 한다는 뜻이 포함되어 있다. 어떻게 하면 말을 재미있게 할 수 있을까? 말 잘 하는 방법을 나는 '잔가지 치기'라 부른다.

참 아이러니하게도 나는 글을 잘 못 쓴다. 작가 누구누구처럼 글을 쉽게 쓰고 싶은데, 글이 짧아 지면 내가 표현하고자 하는 것이 퇴색될까 두려워 문장이 길어진다. 글 좀 쓴다는 분들에게 글 잘 쓰는 법을 물어보면 어김없이 "간결하고 짧게 쓰는 거야."라고 말씀하신다. 말도 똑같다. 간결하게 말하면 된다. 짧고 간결하게 말하는 것이다. 불필요한 부사나 형용어구 모두 기름기 빼듯 쏙 빼고 말하는 훈련을 하면 말이 흥미롭고 재미있어진다.

가끔 어려운 단어, 외래어 섞어 가며 유창한 듯 말하는 사람이 있다. 단언컨대, 그건 허세다. 말 잘하는 사람은 어려운 단어를 사용하지 않는다. 오늘부터 TV에 나오는 유명 강사들의 이야기를 유심히 살펴보자. 그들의 말은 간결하고 짧다. 딱 핵심만 말한다. 그래서 재미있는 것이다.

경험은 스토리텔링에 있어 최대의 무기다.

"아, 강사님. 저는 나이가 어려서 강사님처럼 경험이 많지 않아요."

경험을 이야기로 승화시키는 과정은 경험의 많고 적음과 관련이 적다. 이 역시 훈련이다.

"아니에요. 경험이 많으면 좋지만, 지금 학생도 충분히 잘할 수 있어요. 생각해 보세요. 아마 학생이 어릴 때는 아주 사소한 일도 부모님께 재잘재잘 이야기 잘했을걸요?."

나의 일상에서 특별한 일을 찾고 이야기하는 것, 그리고 그것을 꾸준하게 기록하는 훈련은 그래서 더 중요하다.